Karin Probst · Cornelia Matthias

Mit den besten Tipps für mehr Selbstvertrauen
und eine tolle Ausstrahlung

Karin Probst · Cornelia Matthias

Mit den besten Tipps für mehr Selbstvertrauen
und eine tolle Ausstrahlung

Klopp · Hamburg

Klopp im Dressler Verlag GmbH, Hamburg
© Dressler Verlag GmbH, Hamburg 2013
Deutsche Erstausgabe 2010: Klopp im Ellermann Verlag GmbH, Hamburg
Alle Rechte vorbehalten
Einband und Reihengestaltung: Kerstin Schürmann, formlabor
unter Verwendung eines Fotos von Dimitri Vervitsiotis/gettyimages
Illustrationen von Yayo Kawamura
Druck und Bindung: Aalexx Buchproduktion GmbH, Großburgwedel
Printed 2013
ISBN 978-3-7817-1627-8

www.klopp-buecher.de

# INHALT

# Kapitel 4

## POWER, GIRLS!

# Kapitel 5

## SCHÖN, SCHÖNER, DU!

# Kapitel 6

## MACH DICH SUPERBELIEBT!

# Kapitel 7

## STARK BEI SEX & LIEBE

# Kapitel 8

## TOP IN SCHULE & JOB

# Kapitel 9

## ZU GUTER LETZT

# VORWORT

## ENTDECKE DAS POWERGIRL IN DIR!

Möchtest du ein Mädchen sein, das mit Lebensfreude, Offenheit und einer tollen Ausstrahlung durch die Welt geht? Ein Mädchen, das selbstbewusst und sicher auftritt? Ein Mädchen, das ausspricht, was es denkt und fühlt? Ein Mädchen, das Spaß daran hat, etwas Neues auszuprobieren, beliebt ist, gute Freunde hat und sich vielleicht auch noch ihren Schwarm sowie ihren Traumjob angelt?

Kurz, ein Mädchen, das sich mit seiner Power und Persönlichkeit ihre Welt erobert?

Dann wirst du dieses Buch lieben! Hier findest du Tipps, Tricks und Hilfestellungen, die richtig Lust darauf machen, die eigenen Stärken zu entdecken.

Wir glauben nämlich fest daran, dass in jedem Mädchen ein Powergirl steckt. Auch in dir. Keine Angst, Selbstbewusstsein, Selbstvertrauen und Selbstsicherheit – all das lässt sich lernen!

Jedes Mädchen besitzt Fähigkeiten, die es wertvoll und einzigartig machen. Etwas, wofür es eine besondere Begabung hat oder eine besondere Leidenschaft zeigt. Dieses gewisse Etwas hast du ebenso, und es lohnt sich, es zu entdecken.

Lass dir von uns erklären, warum es so wichtig ist, eine eigene Meinung und einen eigenen Standpunkt zu besitzen.

Und wie du dir nicht nur bei Jungen den richtigen Respekt verschaffen kannst. Wie du besser mit deinen Aggressionen umzugehen lernst und wie du es schaffst, dich Konflikten zu stellen und sie zu lösen. Zum Beispiel bei Zoff in der Familie, Stress mit Freunden, Problemen in der Schule oder im Job.

Weil uns allen ab und zu etwas Peinliches passieren kann, zeigen wir dir, wie man sogenannte Blamagen besser meistert. Dazu gibt es wertvolle Tipps gegen akute Schüchternheit.

Hast du Schwierigkeiten, dich zu entscheiden, und Bammel davor, etwas falsch zu machen? Hier findest du Rat und Unterstützung.

Eines garantieren wir dir: Um bei anderen anzukommen, braucht es keine teuren Markenklamotten und auch kein modelmäßiges Aussehen. Um sympathisch zu wirken und echte Freunde zu finden, gibt es weit bessere Mittel. Lies, wie du herausfinden kannst, was andere über dich denken, und wie du bei Jungen punkten kannst. Wir berichten darüber, was Jungen an Mädchen gut finden und was nicht. Außerdem wird so manches Geheimnis gelüftet, damit du Jungen besser verstehen lernst.

Kennst du erst einmal deine Wirkung auf andere, kannst du sie richtig einsetzen und damit alle verzaubern.

Dazu verraten wir dir noch jede Menge Beauty- und Styling-Tricks, coole Looks und Farben, die dich auffallen lassen.

Zu einem selbstbewussten Mädchen gehört natürlich auch der richtige Umgang mit Liebe und Sexualität. Während du mit einem Kuss und etwas Zärtlichkeit zufrieden bist, will dein Freund vielleicht schon mehr? Wie du dich nicht unter Druck setzen lässt und selbst bestimmst, wie weit du gehen möchtest, kannst du hier lesen. Außerdem erfährst du viele wichtige Dinge über deinen Körper und dein Lustempfinden.

Hast du Probleme mit bestimmten Jungen, fürchtest du dich vor Übergriffen? Wie du dir in heiklen Situationen entweder selbst helfen oder Hilfe holen kannst, auch dazu geben wir dir Rat.

Am Schluss des Buches erfährst du, wie du dich in der Schule und im Job auf Erfolgskurs bringst und wie man als Frau karrieretechnisch *seinen Mann* steht.

Manchmal ist man sprachlos. Du nicht mehr! Denn die 100 Sprüche am

Schluss des Buches lassen dich schlagfertig kontern, witzig antworten oder auch mal klug erwidern.

Viel Spaß und Erfolg beim Training für ein starkes Ich wünschen dir

*Karin Probst und Cornelia Matthias*

# Kapitel 1

## BRAVES KIND = GUTES KIND?

# BRAVES KIND = GUTES KIND?

Vor fünfzig Jahren, in der Generation deiner Großeltern, wäre diese Frage schnell beantwortet gewesen. Die Erwachsenen waren sich damals ziemlich einig: Junge Menschen mussten gehorchen. Sie hatten keine eigene Meinung zu haben, und es galt als ungehörig, offen seinen Ärger zu zeigen. Ein braves Kind, das nie wütend wurde, nicht widersprach und tat, was man ihm sagte, war ein gutes Kind. Wer sich nicht an diese Regel hielt, wurde oft hart bestraft. Klingt altmodisch, oder?

## BRAV IST OUT

Gott sei Dank haben Kinder und Jugendliche heute wesentlich mehr Rechte und Freiheiten als früher. Der Begriff »brav« scheint out zu sein. Warum dann überhaupt darüber sprechen? Weil wir behaupten, dass die oben genannten Regeln längst nicht abgeschafft sind, sondern weiterhin existieren. Sie klingen heute nur anders. Wer genau aufpasst, der kann noch dasselbe heraushören wie früher. Mädchen sind von diesen Regeln oft stärker betroffen als Jungen, da man von ihnen noch eher ein angepasstes Verhalten erwartet.

### BRAV SEIN? VON WEGEN!

Wir finden, brav war gestern. Selbstbewusste Mädchen lassen sich nicht mehr unterbuttern. Egal, ob es dabei um Stress mit den Eltern, mit den Geschwistern oder Freunden, in der Liebe, in der Schule oder im Job geht.

Wir zeigen, wie sich solche Regeln erfolgreich umschiffen lassen, wie sich angepasstes in selbstbewusstes, kluges Verhalten verwandeln lässt.

Wichtige Voraussetzung dafür ist, dass man seine Stärken und Schwächen kennt, um seine Situation richtig einschätzen zu können. Wir haben einen Fragenkatalog zusammengestellt, der dir helfen soll, herauszufinden, wo du stehst.

Hier also ein kurzer Test:

## WAS PASSIERT,

| | JA | NEIN |
|---|---|---|
| ➜ wenn du zu Hause deinen Ärger zeigst? Hört man dir zu? | ☐ | ☒ |
| ➜ wenn du eine andere Meinung hast als der Rest der Familie? Nimmt man dich ernst? | ☒ | ☐ |

## IST ES SCHON PASSIERT,

➜ dass du voller Wut Türen geschlagen oder Gegenstände an die Wand gepfeffert hast?

➜ dass du dich zurückziehst, wenn du ärgerlich oder wütend bist, und für einige Zeit mit keinem mehr redest?

➜ dass du glaubst, dass es sowieso keinen Zweck hat, deine Meinung zu sagen, weil das niemanden interessiert?

➜ dass du einem Streit lieber aus dem Weg gehst, weil du Angst hast, dich nicht wehren zu können? ☒ ☐

➜ dass du lieber Ja sagst, obwohl du eigentlich Nein meinst, weil du dich nicht unbeliebt machen willst? ☒ ☐

➜ dass du dich nicht traust, etwas Schwieriges anzupacken, weil du fürchtest, einen Fehler zu machen? ☒ ☐

➜ dass du aus Wut mit niemandem mehr redest und stattdessen lieber Süßigkeiten in dich hineinstopfst oder an deinen Fingernägeln kaust?

Hast du meistens mit Ja geantwortet? Hat dich bei manchen Fragen sogar ein unangenehmes Gefühl beschlichen? Bingo! Dann haben die neuen-alten Regeln bei dir zugeschlagen. Das heißt, du hast nie richtig üben können oder dürfen, wie man mit Frust, Ärger oder Wut umgeht. Man hat dir Angst gemacht, Fehler zu begehen, du hast Angst davor, dass dich jemand nicht mögen könnte, und Angst vor der Macht und Stärke von anderen. Glaub uns, genau so oder ähnlich ergeht es vielen Mädchen – und auch manchen Jungen. Das muss aber nicht so bleiben. Wir wollen dir helfen, deine eigenen Regeln und Standpunkte zu finden, weniger Angst zu haben, dich mehr zu trauen und deine Wut, deinen Ärger oder Frust zukünftig rauslassen zu können, ohne dir oder anderen zu schaden.

## NIEMAND HÖRT MIR RICHTIG ZU!

»Meine kleine Schwester ist viel krank. Das belastet meine Eltern natürlich. Meine Probleme tun sie immer ab. Aber ich finde sie wichtig und will mit ihnen darüber reden. Was kann ich tun?«

Sprich deine Eltern ruhig darauf an. Mach ihnen klar, dass du sie genauso brauchst wie deine Schwester. Wenn du nicht weiterkommst, überlege, ob es einen anderen Erwachsenen gibt, mit dem du reden könntest.
Eine Tante oder die Mutter einer Freundin?

## SPRÜCHE, DIE ENTMUTIGEN

Hast du als Kind auch ständig Sätze gehört wie: »Lass das, das kannst du nicht!«, »Dafür bist du noch zu jung!«, »Lass das deinen Bruder machen!«, »Mein Gott, bist du wieder umständlich!«? Solche und ähnliche Sprüche entmutigen.
Oft wird das Bild, das Mädchen von sich selbst haben, dadurch verzerrt. Sie halten sich für unfähiger, hässlicher, dümmer oder langweiliger als andere. Was aber gar nicht stimmt. Um an sich glauben zu können, braucht es besonders in jungen Jahren Erfolgserlebnisse, Lob und Anerkennung.

Auch wenn du es selbst nicht so sehen magst: Jeder Mensch hat ganz besondere Seiten und Fähigkeiten, die ihn wertvoll und einzigartig machen. Jetzt geht es darum, diese zu entdecken, damit du ein positives Bild von dir selbst bekommst.

## IM KARUSSELL DER GEFÜHLE

Die Pubertät macht es jungen Menschen oft besonders schwer, mit sich klarzukommen. Vielleicht kennst du das: Deine Gefühle fahren mit dir Achterbahn. Mal geht's steil bergauf mit hohen Erwartungen, großer Begeisterung für etwas oder jemanden, aber genauso schnell folgt eine ernüchternde Talfahrt. Dann ist alles um dich herum nur blöd und ätzend. Kein Wunder, dass es dadurch häufig zu Zusammenstößen mit der Umwelt kommt.

Es ist keine einfache Zeit, denn sowohl in deinem Körper als auch in deinem Leben entwickeln sich sehr viele Dinge neu. Du hast jetzt jeden Monat deine Periode oder stehst kurz davor. Du setzt dich viel mehr mit dem anderen Geschlecht auseinander, schwärmst total für einen Klassenkameraden, erlebst die erste Liebe und vielleicht auch den ersten großen Liebeskummer. Vielleicht ist es dir nicht bewusst, dass in dieser Zeit zahlreiche wichtige Umbauarbeiten in deinem Gehirn stattfinden. Die Folge ist unter anderem, dass du dich nicht konzentrieren kannst, die Gefühle anderer schlechter bewerten und einordnen kannst, du fühlst dich schnell unfair behandelt, weil du der Meinung bist, dass dich niemand versteht, und vernünftige, planerische Tätigkeiten können dir schwerfallen. Dazu kommt noch, dass sich dein Schlafrhythmus verändert, das heißt, du schläfst oft erst spät ein und bist dann morgens hundemüde. All diese Veränderungen machen dich empfindlich, unsicher und können heftige Gefühle wie Ärger, Wut oder sogar Hass in dir auslösen. Da platzt einem schon mal der Kragen. Aber woher kommen diese starken negativen Gefühle? Darüber möchten wir dir im Folgenden berichten, dir den Ursprung dieser Macht namens Aggression erklären.

## AGGRESSION HAT EINE LANGE GESCHICHTE!

Wahrscheinlich wird es dich überraschen, dass es Eigenschaften gibt, die sich über Millionen von Jahren erhalten haben. Und zwar über die Tierwelt hinweg bis zum Menschen. Eine dieser Eigenschaften, die diesen langen Weg gegangen sind, ist die Aggression. Man bezeichnet sie als Trieb oder Instinkt. Der Aggressions-Trieb sitzt in den Genen vom kleinsten Lebewesen der Urzeit bis zum heutigen Menschen. Er vererbte sich von Art zu Art, von Generation zu Generation. Dieser Trieb gehört zum tierischen und menschlichen Leben wie Hunger oder Durst.

Jetzt ist dir sicher klar, dass es kein Lebewesen ohne Aggressionen geben kann. Die Aggression ist einfach in uns, da haben wir keine Wahl. Wir können uns nicht vornehmen, nicht aggressiv zu sein, ebenso wie wir uns nicht vornehmen können, keinen Durst mehr zu haben. Unweigerlich wird der Moment kommen und wir haben Durst oder werden aggressiv. Die Frage ist also nicht, ob wir Aggressionen haben, sondern wie wir mit ihnen umgehen. Hier die gute Nachricht: Den richtigen Umgang mit Frust, Wut und Ärger kann man lernen. Wie? Das erzählen wir dir und zeigen, dass Aggression verschiedene Gesichter haben kann.

## LIEBE IM HERZEN UND WUT IM BAUCH?

»Ich habe eine solche Wut im Bauch!« – Wie oft haben wir das oder Ähnliches schon gesagt. Wir wollen damit ausdrücken, dass sich unsere Gefühle nicht durch Nachdenken, sondern aus dem Bauch heraus entwickelt haben. Es ist schon richtig, dass unsere Gefühle nicht durch Nachdenken entstehen. Aber sie entstehen weder im Herz noch im Bauch, wie das meist fälschlicherweise angenommen wird, sondern der Produzent unserer Gefühle ist einzig und allein das Gehirn. Das gilt für alle Gefühle, auch für unser *Herzensgefühl*, die Liebe.

# HEADQUARTER »GEHIRN«

Es ist faszinierend, sich unser Gehirn einmal genauer anzusehen. Jede Aufgabe, die das Gehirn für uns erledigt, wird an einem bestimmten Platz erzeugt. Da gibt es zum Beispiel einen extra Ort für das Sehen, einen fürs Sprechen, fürs Riechen und fürs Schmecken. Einen für unsere Bewegungen, einen fürs Denken und Planen und einen Ort, an dem die Gefühle zu Hause sind. Alles hat seinen festen Platz und alle Plätze sind miteinander verbunden. Das Gehirn ist ein gigantisches Netzwerk. Es lenkt unseren Verstand, sämtliche Handlungen und Körperfunktionen, die wir zum Leben benötigen. Tief im Inneren des Gehirns ist auch der Sitz der Gefühle. Ein Gebiet, in dem all unsere Gefühle *produziert* werden, die zusammen wiederum ein ganzes Gefühlssystem bilden.

## WILLKOMMEN IM ZENTRUM DER GEFÜHLE

Es ist wichtig zu wissen, dass die Aggressivität und auch andere starke Gefühle wie Stress, Schmerz, Angst oder Traurigkeit, Gewalt, Glücksgefühle, Verliebtheit und die Liebe sich in enger Nachbarschaft befinden. Schlechte wie gute Gefühle liegen im Gehirn also dicht nebeneinander. Zum Teil ergänzen sie sich, zum Teil widersprechen sie sich. Mal bilden sie eine Einheit, mal sind sie wechselweise aktiv. Je nachdem, was in unserem Leben gerade passiert. Gefühle beeinflussen alle unsere Entscheidungen, im Guten wie im Schlechten. Manchmal fühlen wir uns durch sie sehr belastet und würden uns wünschen, einen klareren Kopf zu haben. Doch hätten wir unsere Gefühle nicht, wären wir mut- und lustlos und hätten nichts, was uns an- und vorantreibt.

## LEARNING BY FEELING!

Dieses Gefühlssystem im Gehirn, man nennt es limbisches System, bildet die Grundlage unserer Lebenserfahrung. Denn durch unsere Gefühle können wir uns Erlebnisse merken und erinnern uns an Dinge, die wir erlebt haben. Je stärker

19

eine Erfahrung oder Handlung mit einem Gefühl verbunden ist, umso intensiver bleibt sie im Gedächtnis haften. Hat es sich gut angefühlt, was wir erlebt haben, wollen wir es wiederholen. War es unangenehm, wollen wir es nie wieder durchleben.

Um unsere Erfahrungen und die geballte Power unserer Gefühle für unser Leben sinnvoll einsetzen zu können, benötigen wir einen weiteren wichtigen Teil des Gehirns, den Verstand. Er steht mit dem Gefühlssystem in ständiger und enger Verbindung.

Der Verstand kann die Botschaften aus unserer Gefühlswelt ordnen, bewerten, zulassen oder bremsen und erstellt mittel- und langfristige Lebenspläne. Über unseren Verstand haben wir die Möglichkeit, unsere Gefühle zu beeinflussen und auch den Umgang mit ihnen zu lernen.

Und jetzt kommt das Entscheidende: Erst das Zusammenspiel von Gefühl und Verstand macht es möglich, dass wir unsere Persönlichkeit entwickeln können und ein Leben führen, das zu uns passt.

### MIES DRAUF KURZ VOR DER PERIODE!

»Kurz bevor meine Periode einsetzt, bin ich immer supermies drauf. Ist das normal?«

Bei vielen Mädchen – und auch erwachsenen Frauen – ist vor der Periode Zickenalarm angesagt. Schuld daran sind die Sexualhormone. Während des Zyklus, also dem Zeitraum vom ersten Tag der Blutung bis zum Eintritt der nächsten Periode, steigt und fällt der Hormonspiegel und schlägt dabei sogar richtige Purzelbäume. Das wirkt sich natürlich auch auf die Gefühle aus. Deine Stimmungsschwankungen sind also ganz normal.

## DEIN WEG ZUM POWERGIRL

Jetzt weißt du, warum die Aggression und die anderen starken Gefühle für uns Menschen so wichtig sind. Du konntest auch erfahren, dass in der Pubertät viele Umbauten in deinem Kopf und Körper stattfinden, die die Gefühlswelt von jungen Menschen mächtig beeinflussen. Das Wissen darüber soll dir helfen, dich selbst, aber auch deine Umwelt besser zu verstehen.

Es soll dich mutiger machen, Dinge durchzusetzen, die dir wichtig sind. Du sollst nicht mehr gleich zusammenzucken, wenn dich jemand blöd anmacht oder über dich lacht.

Mit diesem Buch möchten wir dir Wege zeigen, wie du ein rundum starkes Mädchen werden kannst. Ein Mädchen mit Gefühl und Verstand, ein Mädchen mit Selbstvertrauen und einem gesunden Biss im fairen Wettstreit, ein Mädchen mit Humor und Kreativität. Ein Mädchen, das die richtige Portion Power besitzt und sie auch selbstbewusst einzusetzen weiß, ohne damit jemandem zu schaden.

# Kapitel 2

## POWER FÜR DEIN EGO

# POWER FÜR DEIN EGO

Du ahnst es sicher: Wer selbstbewusst ist, hat es leichter im Leben. So jemand kennt seine Stärken, akzeptiert seine Schwächen und ist mutig genug, sich den Herausforderungen des Lebens zu stellen. Grund genug, an einem stärkeren Selbstbewusstsein zu arbeiten, findest du nicht auch?

## SCHÖN SELBSTBEWUSST

In Magazinen, Videos und Talkshows kann man sie täglich bewundern, all die jungen Sportler, Stars und Models, die locker und stolz von ihren Erfolgen berichten. Sie wirken selbstsicher, scheinen ihren Weg gefunden zu haben, sie strotzen nur so vor Selbstvertrauen. Denkst du, wenn du so etwas siehst, so möchte ich auch sein? Warum nicht? Es muss ja nicht gleich ein TV-Star oder Topmodel aus dir werden, aber ein Mädchen, das weiß, was es will, und selbstbewusst auftritt, das wäre doch prima, oder? Wie geht das? Wie wird man das? Bestimmt wimmelt es jetzt in deinem Kopf nur so von Fragen! Hier kommen die Antworten.

---

**SELBSTBEWUSSTSEIN = SELBSTVERTRAUEN = SELBSTSICHERHEIT**

Ist dir aufgefallen, dass wir schon viele Wörter verwendet haben, die mit *Selbst* beginnen? Wie zum Beispiel »Selbstvertrauen« oder »Selbstsicherheit«. Zerlegen wir solche Wörter doch mal, zum Beispiel *Selbst*bewusstsein, *Selbst*vertrauen und *Selbst*sicherheit, und du siehst es sofort: Jeder dieser Begriffe hat eine andere Bedeutung.

*Selbstbewusstsein:* Das Selbst steht für die eigene Person, das Ich. Das Wort »Bewusstsein« bedeutet, dass du weißt, wer du bist, weil du schon öfter über dich nachgedacht hast. Zusammengefasst: Ein selbstbewusster Mensch ist ein Mensch, der sich gut kennt und sich klargemacht hat, was er mag, was zu ihm passt und was nicht.

*Selbstvertrauen:* Es beschreibt jemanden, der Vertrauen in seine Persönlichkeit und in sein Können hat. Das heißt, so jemand ist davon überzeugt, dass er schon eine Lösung finden wird, egal, was passiert.

*Selbstsicherheit:* Das ist die Steigerung von »Selbstvertrauen«. Dieser Mensch ist felsenfest davon überzeugt, dass ihn nichts und niemand aus der Bahn werfen kann.

Wenn du die drei Begriffe so untereinanderstehen siehst, dann fällt dir sicher auf, dass sie aufeinander aufbauen. Man kann sich nicht vorstellen, dass es Selbstvertrauen geben kann, ohne dass sich ein Mensch seiner selbst bewusst geworden ist, und die Selbstsicherheit wächst schließlich aus vielen guten Erfahrungen, die ich mit mir in meinem Leben gemacht habe. Egal, ob es um Beziehungsprobleme, um Stress mit den Eltern oder um ganz alltägliche Probleme geht: Eine gute Portion der drei Eigenschaften ist der Schlüssel zur Lösung vieler Probleme.

## WAS MACHT SELBSTBEWUSSTSEIN AUS?

Woran erkennt man, dass Menschen selbstbewusst sind? Selbstsicheres Handeln und Auftreten sind die Antwort. Lass es dir von uns anhand zweier Beispiele erklären:

*Beispiel eins:*

Stell dir ein Mädchen vor, das mit Nachdruck seine Meinung vertritt. In der Schule oder vor den Eltern. Sie lässt sich nicht beirren, auch wenn die anderen anderer Meinung sind. Obwohl sie aufgeregt ist, vielleicht einen roten Kopf bekommt und ihre Stimme zittert, nimmt sie ihren ganzen Mut zusammen. Sie überwindet diese negativen Gefühle, weil ihr ihre Meinung, ihr Standpunkt in einer Sache sehr wichtig sind, sie kämpft darum. Das ist selbstbewusstes Handeln.

*Beispiel zwei:*

Ein Mädchen hat sich aus tiefster Überzeugung eine Meinung zu einer bestimmten Sache gebildet und teilt diese ihrer Clique mit. Plötzlich bekommt sie durch eine Freundin eine neue Info. Sie muss einsehen, dass sie sich geirrt hat. Mist, blamiert? Nein, ein selbstbewusstes Mädchen kann ihren Fehler, wenn auch nicht gerne, zugeben. Irren ist schließlich menschlich. Das ist selbstbewusstes Auftreten.
Wie würdest du in einer solchen Situation reagieren?
Hättest du den Mumm, zu dir zu stehen?

### IST SELBSTBEWUSSTSEIN EIGENTLICH ANGEBOREN?

»Meine Freundin ist unglaublich selbstbewusst. Ich bin leider genau das Gegenteil. Wo hat sie ihr sicheres Verhalten her? Hat sie es vielleicht vererbt bekommen?«

Menschen kommen nicht selbstbewusst auf die Welt. Es hängt ganz davon ab, in welchem Umfeld ein Kind aufwächst. Sind die Eltern sehr streng, verbieten viel und nehmen ihre Kinder nicht ernst, dann ist es für das Kind schwer, Selbstbewusstsein zu entwickeln.
Selbstbewusste Menschen haben durch ihre Eltern viel Bestätigung erfahren. Sie haben erlebt, dass sie okay sind, so, wie sie sind. Sie wurden auch dann geliebt und respektiert, wenn sie mal Fehler gemacht haben. Und sie haben nicht ständig hören müssen, dass andere schöner, besser, klüger oder braver sind als sie.

## KANN MAN SELBSTBEWUSSTSEIN LERNEN?

Keine Angst, selbst wenn du nicht zu den Menschen gehörst, die von Kindheit an mit einem starken Selbstbewusstsein ausgestattet wurden, lass dir gesagt sein: es zu werden, kann man lernen! Das Erste, was du tun musst, ist, deine Fähigkeiten zu erkennen und sie zu nutzen! Auch

wenn du es nicht so recht glauben kannst, jeder Mensch hat eine besondere Begabung, kann sich für etwas begeistern und zeigt Leidenschaft. Das gilt natürlich auch für dich.

Überleg mal, wofür du in deinem Umfeld Lob bekommen hast. Gibt es da nicht die eine oder andere Fähigkeit, für die du vielleicht sogar bewundert wurdest? Logischerweise hast du da deine Sache gut gemacht. Das kannst du doch als dein Talent bezeichnen, nicht wahr?

Jetzt ist der richtige Zeitpunkt, die Sache anzupacken und herauszufinden, was in dir steckt. Darum stelle dir folgende Frage:

Was kann ich und was kann ich nicht?

Denn sich selbst gut einschätzen zu lernen, seine Stärken und Schwächen zu kennen, ist eine wichtige Voraussetzung, um selbstbewusst zu werden.

## WAS SIND MEINE STÄRKEN?

Das gilt es für dich zuerst herauszufinden. Stell dir vor, du setzt jetzt eine Brille auf, durch die du nur deine positiven Eigenschaften siehst. Nimm ein Blatt Papier und schreib alles auf, was dir an dir gefällt.

➡ Meine guten Eigenschaften und Stärken sind …

.................................................................................................................

.................................................................................................................

.................................................................................................................

**HILFE GEFÄLLIG?** Wir haben ein paar Sätze aufgeschrieben, die du einfach vervollständigen kannst, wenn sie auf dich zutreffen.

➡ Besonders leicht fällt mir …

➡ Meine bisher größten Erfolge im Leben waren/sind …

➡ Besonders gut gefällt mir an mir …

➡ Besonders stolz bin ich darauf, dass …, weil …

➡ Besonders dankbar bin ich für …, weil …

➡ Die drei Dinge, die ich am allerliebsten mache, sind …

Dir fällt noch mehr ein? Prima, dann ergänze die Liste einfach. Wenn du fertig bist, lies dir deine Sätze noch einmal selbst laut vor.

## Was sind meine Schwächen?

Das fragst du dich jetzt. Dafür nimmst du ein zweites Blatt und malst oben ein großes Minuszeichen drauf und schreibst alles auf, was dir Negatives zu dir einfällt.

➡ Meine Schwächen sind …

.............................................................................................

.............................................................................................

.............................................................................................

Wenn du willst, kannst du auch die nachfolgenden Satzanfänge einfach mit deinen Worten ergänzen.

➡ Besonders schlecht bin ich in …

➡ Besonders traurig macht mich …

➡ Mein größtes Problem ist …

➡ Die drei Dinge, die mich an mir besonders stören, sind …

➡ Was mir besonders wehtut, ist …

➡ Besonders schäm ich mich für …, weil …

➡ Eifersüchtig oder neidisch bin ich auf …

## Vergleiche nun beide Blätter!

Zähle jeweils deine Stärken und Schwächen zusammen. Solltest du mehr Schwächen als Stärken oder positive Eigenschaften bei dir entdeckt haben, dann haben wohl die alten Regeln bei dir zugeschlagen. Dein Blick auf dich ist sicher viel zu negativ. Denk an das, was wir im ersten Kapitel über diese Regeln geschrieben haben, oder lies es noch einmal durch.

Für eine objektivere Betrachtung deiner Person wäre es gut, wenn du dir Hilfe holen würdest. Zum Beispiel von einer guten Freundin. Gehe zusammen mit ihr deine Plus- und Minus-Liste noch einmal durch. Du wirst sehen, es wird sich sofort ein positiveres Bild von dir ergeben.

## STARKE HOBBYS MACHEN STARK!

Wetten, dass es einige Hobbys gibt, die dir gefallen könnten? Vielleicht hast du dich bis jetzt nicht so richtig rangewagt und hast es immer wieder verschoben, dich zu erkundigen auf der Suche nach dem, was dir Spaß machen könnte. Spür in dich hinein und suche nach etwas, das deine Leidenschaft weckt. Nach etwas, wofür du wirklich brennst. Wie wäre es mit:

### KUNST UND MUSIK

Du bist sehr kreativ und umgibst dich in deiner Freizeit mit Musik, Kunst oder Theater. Hast du dir schon einmal überlegt, ein Instrument zu lernen? Melde dich doch an einer städtischen Musikschule an. Das ist günstiger als Privatstunden bei einem Musiklehrer. Und nebenbei kannst du dort Mädchen und Jungen mit ähnlichen Interessen kennenlernen. Wer weiß, vielleicht gründet ihr ja sogar eine Band.
Theater- und Zeichenkurse werden für Jugendliche oft an Volkshochschulen angeboten. Auch da lernst du sicher schnell interessante Leute kennen.

### SPORT UND SPASS

Zusammen mit anderen fühlst du dich am wohlsten? Du magst Action und Bewegung? Warum probierst du es nicht mit einem Teamsport? Vereine findest du ganz leicht auf der Internetseite deiner Stadt. Ihr Vorteil: Dir werden anfangs alle Sportgeräte zur Verfügung gestellt und du lernst jede Menge neue Leute kennen.

### TIERE UND MENSCHEN

Wenn du helfen kannst, musst du nicht lange überlegen? Du packst einfach gerne mit an? Wie wäre es denn dann, wenn du dich sozial engagierst? Werde Mitglied bei einer sozialen Organisation deiner Stadt. Adressen hierzu findest du im Internet oder bei deiner Kirchengemeinde. Wenn du gerne Hunde spazieren führen würdest, frag im Tierheim nach. Du liebst

Pferde? Dann sieh dich nach einer Reitbeteiligung oder einem Pflegepferd um, das ist dann nicht so teuer.

## SPIEL UND SPANNUNG

Du organisierst gerne und steckst voller Ideen? Eine Jugendgruppe wäre da doch genau das Richtige für dich. Fast an allen Orten gibt es Jugendtreffs (Jugendheime), Pfadfindergruppen oder kirchliche Jugendgruppen, denen du beitreten kannst. Das Geniale dabei: Neben viel Spiel und Spaß werden dort regelmäßig günstige Ausflüge und Zeltlager angeboten.

## WIE SELBSTBEWUSST BIST DU?

Hast du Lust, einen Schnelltest in Sachen Selbstbewusstsein zu machen? Dann beantworte einfach folgende Fragen:

**1.** Würdest du an dir oder deinem Leben gerne etwas ändern?
   A) Manchmal finde ich mich nicht hübsch genug.
   B) Ich wäre gerne selbstbewusster.
   C) Klar, aber etwas Genaues fällt mir jetzt spontan nicht ein.

**2.** Wie sieht dein Freundeskreis aus?
   A) Ich bin eigentlich nur mit Mädchen befreundet.
   B) Ich habe eine Handvoll guter Freunde.
   C) Ich habe keine feste Clique. Eher viele lockere Freundschaften.

**3.** Wie würdest du dein Mode-Styling beschreiben?
   A) Unauffällig. Meistens trage ich Jeans und T-Shirts.
   B) Ich ziehe das an, was gerade gewaschen ist.
   C) Ich trage das, worauf ich Lust habe.

**4.** Du bekommst eine neue Mitschülerin. Wie verhältst du dich ihr gegenüber?
   A) Ich unterhalte mich in der Pause mit ihr.
   B) Mir würde gar nicht einfallen, worüber ich mit ihr reden könnte.

C) lch warte erst einmal ab. Erst wenn sie mir sympathisch erscheint, spreche ich sie an.

**5.** Hast du jemand anderem schon einmal ein Kompliment gemacht?
A) Öfter. Meistens, wenn jemand schicke oder coole Klamotten anhat.
B) Nein, das fällt mir nicht leicht.
C) Meinen Freundinnen mach ich ab und zu mal ein Kompliment.

### *Du hast meistens A angekreuzt:*

Wenn du andere beobachtest, findest du dich manchmal eher unscheinbar. Dabei steckt in dir ein cooles Mädchen. Es wird Zeit, dass du das allen zeigst. Guck gleich mal unter unseren Schmink- und Styling-Tipps nach. Das Ergebnis wird bald andere umhauen.

### *Du hast meistens B angekreuzt:*

In dir schlummert ein selbstbewusstes Mädchen, das alle mit seinem Charme beeindrucken könnte. Doch nach außen wirkst du schüchtern und kommst nicht aus dir heraus. Warum? Weil dir die Meinung anderer wichtiger ist. Sei du selbst und sag, was du denkst. Mach unser Selbst-bewusstseins-Training. Es hilft dir, bald voll durchzustarten.

### *Du hast meistens C gewählt:*

Im Moment schlenderst du etwas unentschlossen durchs Leben. Das sieht man dir auch an. Denn dein schwaches Selbstbewusstsein hat dir immer verboten, deine Erfolge als Erfolge zu erkennen und wichtig zu nehmen. Und du hast ihnen bisher gar keine Bedeutung beigemessen. Das solltest du ändern! Wie? Indem du dich für alles, was du gut machst und was dir gelingt, belohnst. Guck bei unseren Belohnungs-Tipps nach.

## VERSÖHNE DICH MIT DEINEN SCHWÄCHEN!

Jeder hat Macken und Schwächen. Du kennst sicher die deiner Freundinnen, aber die stören doch nicht, oder? Was du bei anderen entschuldigst, solltest du auch bei dir akzeptieren und da keine Ausnahme machen. Warum bist du also anderen gegenüber in diesem Punkt so großzügig? Denkst du, die anderen sind dennoch in allem viel besser als du? Falsch! Was unser Leben bunt macht, ist die Mischung verschiedener Begabungen jedes Einzelnen. Zum Teil werden sie vererbt, zum Teil entwickeln sie sich durch eine plötzlich entdeckte Leidenschaft (siehe »Starke Hobbys machen stark«, Seite 29). Hat man erst einmal für etwas Feuer gefangen, verbringt man viel Zeit damit, man übt oder beschäftigt sich einfach lange mit einem Thema. Klar, dass man immer besser wird und irgendwann ein richtiger Experte ist.

Aber es gibt da eben auch die Dinge, die überhaupt nicht klappen, weil man sie einfach nicht versteht oder hinkriegt. Da hilft kein Bemühen auch wenn es noch so groß ist. Es fehlt die Begabung. Okay, macht nichts, dann ist man eben um diese Erfahrung reicher und kann ganz selbstbewusst von sich sagen: Ich werde das niemals richtig beherrschen. Oder: Das passt einfach nicht zu mir.

### WANN IST EINE SCHWÄCHE EINE SCHWÄCHE?

Wenn du dich voreilig mit deinen Schwächen abfindest, machst du es dir aber zu leicht. Dir deine Schwächen einzugestehen, bedeutet nicht, dass du nicht mehr an ihnen arbeiten könntest. Klar, oft fehlt einem die Lust oder die Geduld, etwas mehrmals zu probieren oder zu ändern, vor allem, wenn man sich dafür anstrengen muss. Sorry, aber dann handelt es sich nicht um eine Schwäche, das ist reine Bequemlichkeit. Festzustellen, wozu du fähig bist, lohnt sich. Nur so lernst du deine tatsächlichen Grenzen kennen. Bestimmt sind sie viel weiter gesteckt, als du momentan vermutest.

Zusammengefasst: Eine Schwäche ist nur dann eine Schwäche, wenn ich wirklich alles probiert habe und dann merke, dass ich es einfach nicht kann.

Wichtig zu wissen: Du kennst die Panik, die einen packt, wenn man etwas nicht zu schaffen glaubt? Das ist ein Warnsignal, auf das du hören solltest. Diese Angstattacke will dich davor schützen, Risiken einzugehen, denen du vielleicht noch nicht gewachsen bist.

## MIST GEBAUT? HALB SO SCHLIMM!

Wie du manchmal über Missgeschicke anderer lachst, lachen andere auch über dich. Ärger dich nicht darüber und fühl dich dadurch nicht gleich angegriffen oder gekränkt. Wenn du mitlachen kannst, zeigst du Humor. Und mit einem guten Schuss Selbstironie und Humor machst du dir und anderen das Leben leichter.

Tipp: Stell dir eine Situation vor, die dir richtig peinlich ist, und schau dich dabei im Spiegel an. So also siehst du dann aus! Wenn du dabei über dich selbst lachen musst, dann bist du auf dem richtigen Weg!

### SCHEITERN GEHÖRT ZUM LEBEN.

Klar, es ist schon sehr ärgerlich, wenn einem etwas nicht gelingt. Jeder will glänzen, vor sich und erst recht vor den anderen. Doch Scheitern gehört zum Leben dazu. Es ist ungeheuer wichtig, zu wissen, dass wir Menschen ausschließlich aus unseren Fehlern lernen.

Im ersten Kapitel konntest du lesen, dass alles, was in unserem Leben mit starken Gefühlen verbunden ist, von uns am besten gelernt und nicht mehr vergessen wird. Diese Gefühle werden durch Botenstoffe in unserem Gehirn hervorgerufen. Sind wir stolz auf uns, sorgen positive Botenstoffe für ein wunderschönes und starkes Gefühl. Ist uns dagegen etwas misslungen, bekommen wir es mit den negativen Botenstoffen des Gehirns zu tun. Sie lösen Frust, Ärger und vielleicht sogar Wut aus, weil trotz großer Mühe die Sache nicht funktioniert hat. Diese Gefühle können sehr unangenehm und nachhaltig sein.

Wenn wir uns unser Misslingen jedoch verzeihen, weil wir wissen, dass Scheitern zum Leben gehört, verschwindet diese negative Stimmung. Hilfreich kann in diesen Momenten jemand sein, der dich tröstet, der versteht, dass du enttäuscht bist. Da sagen wir dir nichts Neues. Aber weißt du auch, dass du dir selber Trost geben kannst, indem du zu dir sprichst und laut oder stumm zu dir sagst:

*Hey!! Jeder hat eine zweite Chance. Ich probier's noch einmal, mach's aber anders.*

oder

*Miss Perfect ist noch nicht geboren. Für den Anfang war das gar nicht mal so schlecht.*

oder

*Die Sache war doch schwieriger als erwartet. Aber so schnell gebe ich nicht auf. Ich werde mir Hilfe holen.*

Probier es aus. Du wirst merken, wie sich die schlechten Gefühle auflösen.

Was sich für dich vielleicht kurios anhören mag: Je öfter du scheiterst, umso stärker wird dir bewusst, was du kannst. Es fällt dir zukünftig auch leichter, Niederlagen zu verkraften. Denn dein Gehirn hat eines dabei gelernt: Nach dem Scheitern gibt es auch wieder Siege zu feiern. Und darum hält es die negativen Gefühle besser in Schach.

## PANNENKÜNSTLER

Dieses Auf und Ab, dieses Hinfallen und Wiederaufstehen zu üben, ist am Anfang nicht so leicht. Doch mit der Zeit wächst deine Frustrationstoleranz, wie die Fachleute es nennen. Übersetzt heißt das: Du kannst immer besser Frust aushalten, rastest bei einem Missgeschick nicht gleich aus, sondern hast gelernt, sie als Bestandteil des Lebens zu akzeptieren. Menschen, die das können, sind selbstbewusst und voller Selbstvertrauen. Denn sie haben es oft erfahren: Nur aus durchlebten Misserfolgen wird man zur cleveren Pannenfachfrau.

## ZEIG DEINEN INNEREN KRITIKERN DIE ROTE KARTE!

Sich selbst anzunehmen und liebevoll mit sich umzugehen, ist für die meisten unendlich schwer. Wir kritisieren uns, hadern mit unserer Person, unserer Intelligenz und unserem Aussehen. Wir können oft kein gutes Haar an uns lassen. Eine innere Stimme nörgelt ständig an uns herum. Meistens sind wir mit uns selbst viel strenger als mit jedem anderen Menschen.

Was denkst du, woran das liegt? Erinnerst du dich an das erste Kapitel, an die Sprüche, die entmutigen? Genau, es ging um die Sprüche, die zu uns gesagt wurden, wenn wir uns nicht so benommen haben, wie es erwartet wurde. Wir hören sie so oft, dass wir sie irgendwann sogar glauben. Und was noch hinzukommt: Kleine Kinder glauben ohnehin immer das, was die Großen ihnen sagen. Sie glauben ja auch an den Weihnachtsmann, oder? Deshalb sind folgende Sätze genauso wenig wahr, wie es einen Weihnachtsmann gibt:

*Mensch, bin ich bescheuert!*
*Das kann ich sowieso nicht!*
*Ich blöde Kuh, ich mach mal wieder alles falsch!*
*Mich mag sowieso keiner.*
*Typisch ich, mal wieder voll daneben.*

Du kennst solche Sätze wahrscheinlich sehr gut, denn du benutzt sie oft, stimmt's? Mehr oder weniger bewusst sagst du sie täglich mehrfach vor dich hin oder denkst sie. Doch wer so mit sich umgeht, verliert jeden Mut und kriegt dann wirklich nichts mehr auf die Reihe.

### STOPP!

Immer wenn dein innerer Kritiker zuschlägt und dich solche Sätze sagen oder denken lässt, unterbrich ihn! Sag laut »Stopp!«.

Ersetze deine Negativ-Gedanken! Je öfter du deine negativen Gedanken stoppen kannst, umso leichter fällt es dir, sie durch positive zu ersetzen.

Statt »Ich bin ja total bescheuert!« sag: *»Dumm gelaufen. Das nächste Mal mach ich's besser!«*

oder

*»Das ist heute nicht mein Tag. Na, macht nichts! Es kommen bessere Tage.«*

oder

*»Mist, dumm gelaufen! Hak es ab, das kann jedem passieren. Reg dich nicht auf, das kriegen wir wieder hin.«*

oder

*»Oh Mann, das ist heute offenbar nicht mein Tag. Okay, Pause, morgen auf ein Neues!«*

Vielleicht spürst du ja schon beim Lesen, was für ein Unterschied das ist, und wirst merken, wie gut es dir tut. Wir müssen uns selbst so gut wie möglich behandeln, Geduld mit uns haben, damit unsere inneren Kritiker eines Tages keine Macht mehr über uns haben. Dann ist der Weg frei zu unseren Stärken, und es macht Spaß, ohne Erfolgszwang und/oder Versagensängste vieles auszuprobieren. Denn:

## WAS KANN SCHON SCHIEFGEHEN!

Wer das wirklich denkt und danach handelt, der ist super motiviert. Motiviert sind wir immer dann, wenn wir wissen, warum wir etwas erreichen wollen, und wenn wir keine Angst vor dem Scheitern haben. So erreichen wir am besten unsere Ziele und haben Spaß an dem, was wir tun.

# Kapitel 3

## PUSCH DEINE PERSÖNLICHKEIT!

# Pusch deine Persönlichkeit!

Mädchen sollen brav, hübsch und immer nett sein? Denkste! Selbstbewusste Mädchen haben mehr Spaß am Leben, setzen sich durch und werden ernst genommen. Mädchen hingegen, die beim kleinsten Widerstand sofort nachgeben, die keine eigene Meinung haben und immer danach schauen, was andere tun, wirken unglaubwürdig und unattraktiv. Besser also, du findest heraus, was du willst, und sagst, was du denkst. Mit ein bisschen Training und dem nötigen Know-how ist das gar nicht so schwer. So wirst du selbstsicherer und ein Stück erwachsener, deine Persönlichkeit wächst, das macht dich für andere erst richtig interessant.

## Auffallen? Super!

Mach dich sichtbar! Nimm diese Aufforderung ruhig wörtlich. Mit *sichtbar werden* möchten wir dich ermutigen, aus deiner *Deckung* herauszukommen, in der du dich vielleicht unbewusst oder aus Unsicherheit befindest.

### Mach neugierig auf dich
Vielleicht bist du eher unauffällig, weil du deine Kleidung, deine Frisur oder dein Make-up danach richtest, was andere tragen. Du achtest gar nicht darauf, ob der Stil überhaupt zu dir passt. Das Schlimmste, was dir passieren kann, ist, dass du in der Masse all der Mädchen, die gleich aussehen, verschwindest.

Niemand, nicht mal dein Traumprinz, wird dich entdecken. Organisiere dir also lieber ein paar Klamotten und Accessoires, die dir Spaß machen, auch wenn sie sonst keiner hat, und trage sie mit Stolz. Egal, was die anderen dazu sagen. Wenn du deinen Kopf aus der Masse streckst, bekommst du Aufmerksamkeit und machst neugierig auf dich.

Das gilt nicht nur in optischen, sondern auch in inhaltlichen Dingen. Darum begehe nicht den Fehler, deinen Musik- und Filmgeschmack, deine Hobbys und Ansichten immer von dem beeinflussen zu lassen, was gerade *in* oder im Freundeskreis angesagt ist. Richtest du dein Verhalten nur nach den Maßstäben anderer, um dazuzugehören, bleibst du dennoch unsichtbar und uninteressant. Wenn du dich traust, so zu sein, wie du bist, und offen zu bekennen, was du magst und meinst, wirst du nicht verschwinden. Mehr noch, du hast große Chancen, jemanden zu finden, der dich versteht und dich von ganzem Herzen gernhat. Grund genug, deine Meinung zu sagen, oder?

## Immer schön mutig! Steh zu deiner Meinung!

Zweifelst du, ob deine Meinung überhaupt richtig ist? Eines lass dir einmal gesagt sein, eine Meinung kann nie richtig oder falsch sein. Die eigene Meinung ist immer etwas ganz Persönliches. Darum kannst du dich wegen ihr auch nicht blamieren und sie muss dir auf keinen Fall peinlich sein. Sie kann ruhig im Gegensatz zu der Meinung anderer stehen. Sie kann ungewöhnlich, komisch, feindlich oder gar einseitig sein. Denn etwas *zu meinen* oder etwas *zu wissen* sind zwei Paar Stiefel. Das wird oft verwechselt. Sagst du: »Ich weiß, dass das so ist«, dann beruht deine Aussage auf tatsächlichem Wissen. Auf etwas, das sich beweisen lässt, wie 2 + 2 = 4. Sagst du: »Ich meine, dass das so ist«, dann ist dies deine persönliche Empfindung. Weil eine Meinung aus Informationen und Erfahrungen, gemixt mit dem eigenen Bauchgefühl, entsteht, ist es nicht verwunderlich, dass dein Gegenüber durch andere Erfahrungen und Informationen eine andere Meinung zu der gleichen Sache haben kann. Steht Meinung gegen Meinung, kann daraus eine interessante Diskussion werden, in dem jeder seinen Standpunkt darlegt. Dabei muss es nicht unbedingt zu einer Einigung kommen. Die Meinung eines anderen zu respektieren, ohne den eigenen Standpunkt aufzugeben, ist ein Zeichen von Toleranz, und die ist wichtig im Zusammenleben mit anderen.

## ICH IST IN, MAN IST OUT.

Unsere Sprache ist oft verräterisch. Wer genau hinhört, kann erkennen, wie sich Menschen hinter Worten verstecken. Besonders beliebt ist da das Wort *man*. Zum Beispiel: »Man glaubt ja, dass …!« oder »Man macht das am besten so …!« oder »Man hat es ja nicht immer leicht …!«.

Wer seine Sätze so beginnt, der traut sich nicht, klar seine Meinung zu sagen, sondern verallgemeinert alles. *Man*, wer ist *man*? Alle und niemand? Keiner ist gemeint und damit ist auch niemand angreifbar. Praktisch, oder? Wenn du aber ernst genommen werden willst, dann musst du deine Sätze mit *Ich* beginnen. »Ich denke, dass …!« oder »Ich mach das so …!« oder »Ich habe es im Moment nicht so leicht …!«. Hört sich das nicht gleich ganz anders an? Jeder weiß dann, dass du etwas von dir und deinem Leben erzählen möchtest. Solch klare Formulierungen ermuntern auch die anderen, etwas aus ihrem Leben zu erzählen, und so erfahrt ihr eine Menge über euch. Könnte spannend werden!

### ANDEREN DIE MEINUNG GEIGEN!?

Mann, dem hab ich aber ordentlich meine Meinung gesagt! Die meisten von uns denken, dass der Vorgang, mit seiner Meinung nicht länger hinter dem Berg zu halten, ein aggressiver Akt ist. Warum eigentlich? Es könnte doch ein ganz normaler, ruhiger und durchaus interessanter Vorgang sein, wenn ein Mensch dem anderen seine Meinung sagt.

Und warum müssen wir eigentlich unseren ganzen Mut zusammennehmen, um das zu sagen, was wir wirklich denken? Ganz einfach, weil wir das nicht gelernt haben. Oftmals haben unsere Eltern oder Lehrer nämlich so etwas gesagt wie: »Sei nicht so vorlaut!« oder »Sei still, davon verstehst du noch nichts!«.

Unser Nachfragen wurde meist als Widerworte ausgelegt, wofür wir vielleicht sogar bestraft wurden. Was glauben wir dann natürlich: Nachfragen oder seine Meinung sagen kann unangenehme Folgen haben. Wir haben Angst davor, das zu sagen, was wir meinen. Dabei kann das Äußern seiner Ansichten richtig Spaß machen. Grund genug, es zu üben!

## KLEINE ÜBUNG IN SACHEN EIGENER MEINUNG? MACH MIT!

Nimm dir einen Zettel und schreibe auf, was in deinem Umfeld, deiner Familie, deinem Freundeskreis gerade oft Thema ist und was du darüber denkst. Hör dabei in dich hinein. Tief in dir weißt du nämlich genau, wie du zu all den Dingen stehst. Ob du etwas gut oder schlecht findest, ob du eine Sache gerecht findest oder nicht oder ob dir etwas, worüber sich deine Freundinnen aufregen, vielleicht auch einfach egal ist. Hast du dir erst einmal eine Meinung gebildet und sie zu Papier gebracht, kannst du sie später nach außen hin auch prima vertreten.

Beobachte dich auch einmal bei Diskussionen. Wie verhältst du dich in deinem Freundeskreis? Bist du still und denkst dir lieber deinen Teil, weil du insgeheim froh bist, überhaupt dabei sein zu dürfen? Dann prüfe mal, ob die Clique, in der du gerade bist oder zu der du gehören möchtest, überhaupt zu dir passt. Überlege und schreib nieder, was diese Gruppe für dich so wichtig macht. Stimmen deren Interessen mit deinen überein? Diese Überlegungen zeigen dir, ob diese Freunde gut für dich sind.

Hast du dir deine Meinung gebildet, kannst du zukünftig mitreden. Egal, ob es sich dabei um den neuesten Kinohit, einen angesagten Star, ein spannendes Buch oder ob es sich um Themen handelt, die eure Clique betreffen.

## ❀ ❀ ❀ SCHON GEWUSST? DEIN GEHIRN, EIN MEGASPEICHER!

Im ersten Kapitel konntest du schon lesen, dass wir uns Dinge am besten merken, wenn sie von einem starken Gefühl begleitet werden. Dann hält unser Gehirn das Erlebte für wichtig und speichert es ab. Alles, was für das Gehirn unwichtig erscheint, wird aussortiert und vergessen. Vielleicht

verstehst du jetzt, warum langweiliger Schul-
unterricht in Vergessenheit gerät. Leider.

Alles, was unser Gehirn für wichtig hält, speichert
es somit an einem bestimmen Platz ab, und zwar
nach Themen geordnet. Da gibt es einen Bereich
für Namen, Orte und Gesichter, einen für Bewegungen wie Laufen, Fahrradfahren, Klavierspie-
len oder handwerkliche Tätigkeiten, die wir üben,
und einen für unser Wissen, für Fakten und
Regeln, die wir gelernt haben. Übrigens, je
neugieriger du bist, je mehr Fragen du stellst und
je mehr Antworten du suchst, desto größer wird
dein Wissensspeicher. Meinungen, die mithilfe eines
großen Wissensspeichers entstehen, sind logischerweise
durchschlagender und haben mehr Power.

Sehr interessant ist auch der Platz für deine Lebensgeschichte. Hier werden
seit deinem dritten Lebensjahr alle Erlebnisse abgespeichert, die mit starken
Gefühlen verbunden waren, seien es gute oder schlechte. Wirklich vergessen können Menschen ihre Erlebnisse nicht, höchstens verdrängen. Erlebt
man eine unangenehme Situation noch einmal oder wird durch etwas an sie
erinnert, kommt das alte, bereits abgespeicherte Erlebnis wieder hoch und
ärgert oder verletzt einen erneut. Darum ist es besser, ein unangenehmes
Ereignis zu klären und den Grund dafür zu finden. Dann kann das Gehirn
das negative Erlebnis mit einem Happy End abspeichern. Statt belastend zu
wirken, gibt es jetzt Lebenskraft, denn das Problem wurde von dir gelöst.
Übrigens, alle Speicherplätze unseres Gehirns können ein Leben lang gefüllt
werden. Sie sind nie voll. ✿ ✿ ✿

### ANGST, MEINER FREUNDIN DIE MEINUNG ZU SAGEN!

»Meine Freundin tut immer so überheblich. Alles weiß sie besser. Das
nervt. Trotzdem traue ich mich nicht, ihr das zu sagen. Denn wenn ich mit
jemandem streite, kann es passieren, dass ich anfange zu heulen. Das finde
ich furchtbar!«

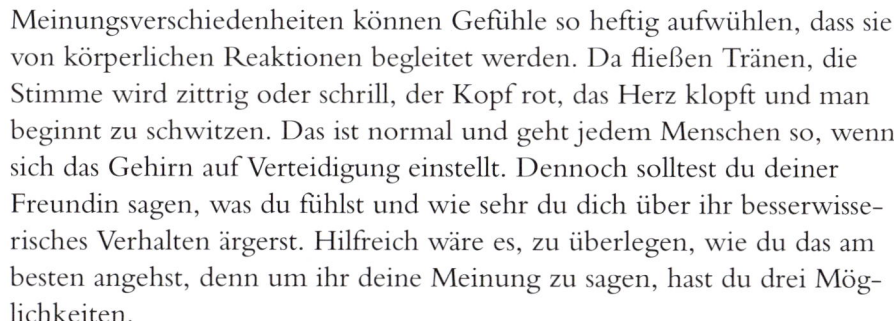

Meinungsverschiedenheiten können Gefühle so heftig aufwühlen, dass sie von körperlichen Reaktionen begleitet werden. Da fließen Tränen, die Stimme wird zittrig oder schrill, der Kopf rot, das Herz klopft und man beginnt zu schwitzen. Das ist normal und geht jedem Menschen so, wenn sich das Gehirn auf Verteidigung einstellt. Dennoch solltest du deiner Freundin sagen, was du fühlst und wie sehr du dich über ihr besserwisserisches Verhalten ärgerst. Hilfreich wäre es, zu überlegen, wie du das am besten angehst, denn um ihr deine Meinung zu sagen, hast du drei Möglichkeiten.

1. Du triffst dich mit ihr und bittest um eine Aussprache in dieser Sache. Dazu gehört etwas Mut, vor allem aber stichhaltige Argumente. Hast du sie dir vorher zurechtgelegt, kannst du viel lockerer und ruhiger argumentieren.
2. Du rufst sie an, um mit ihr zu sprechen. Das ist etwas einfacher, weil du dadurch einen räumlichen Abstand zu ihr hast und sie eventuelle Tränen nicht sehen kann.
3. Du schreibst ihr. In deinem Fall wäre das wahrscheinlich die sicherste Methode, weil du in Ruhe deine Worte wählen und den Brief oder die E-Mail so lange verändern kannst, bis der Text für dich stimmt.

Es gibt zwei Konsequenzen, wenn du ihr gesagt oder geschrieben hast, was dich stört. Entweder eure Freundschaft bleibt bestehen, und ihr habt eine Bewährungsprobe bestanden, die euch sicher stärker verbindet. Vielleicht kommt es zwischen euch aber auch zum Streit und deine Freundin kündigt dir sogar die Freundschaft. Das ist zwar traurig, aber wenn du darüber nachdenkst, so ist dieser zunächst gefühlt große Verlust letztlich keiner. Denn eine Freundin, die nichts auf deine Meinung gibt und die dich nicht verstehen kann oder will, gehört nicht in dein Leben.

Sicher hast du schon einmal kleine Kinder beim Spielen beobachtet. Alles ist friedlich, bis ein Kind dem anderen etwas wegnimmt oder ein Spielzeug kaputt macht. Das Geschrei ist groß, und die Kleinen scheuen sich in der Regel nicht, mit Sandschaufeln oder Fäusten aufeinander loszugehen. Es beginnt ein Kampf um Besitz, Recht oder empfundene Ungerechtigkeit. Kleinkinder leben ihre Aggressionen voll aus. Sie haben noch keine anderen Möglichkeiten. Man sagt, sie handeln instinktiv, das heißt nach ihren Instinkten und Trieben. Oft ist so eine Auseinandersetzung schnell wieder bereinigt und die Feinde von vor ein paar Minuten spielen wieder friedlich miteinander. Erwachsene müssen nur dann helfen, den Streit zu schlichten, wenn echt die Fetzen fliegen, und vor allem erklären, warum dieses oder jenes Verhalten nicht okay ist. Alles wird leichter, wenn die Kinder sprechen können und gelernt haben – am besten durch Vorbilder in der Familie –, ihre Wut durch ein anderes Verhalten loszuwerden.

Unser Aggressionstrieb, der – wie du schon in Kapitel 1 erfahren hast – seinen Sitz in unserem Gehirn hat, wird sowohl aktiv bei Angriffen auf andere Menschen als auch bei der Verteidigung der eigenen Person. Es gibt unterschiedliche Formen der Aggression und auch viele verschiedene Erklärungen, was sie genau ist und wozu sie eigentlich da ist. Wir wollen uns im Folgenden um die Form der Aggression kümmern, die man »reaktive Aggression« nennt, also die Form, die als Reaktion, als Folge auf einen Angriff passiert. Wir verteidigen uns damit, und zwar alles, was uns wichtig ist. Wann wir uns angegriffen fühlen und wie wir uns verteidigen, hängt damit zusammen, was wir erfahren bzw. gelernt haben. Hierbei spielen Vorbilder in der Familie und das Geschlecht eine sehr große Rolle.

## KONFLIKTEN AUSWEICHEN! WARUM?

Nachdem du unsere Antwort auf die Frage gelesen hast, denkst du vielleicht, dass es doch besser ist, Meinungsverschiedenheiten aus dem Weg zu gehen. Schließlich besteht die Gefahr, einen Menschen oder eine Freundschaft zu verlieren. Doch der Preis für so ein Verhalten wäre hoch. Ohne einen Konflikt mit jemand anders auszutragen und zu bereinigen, wirst du

deine negativen Gefühle, wie du
inzwischen weißt, niemals los. Darum
übe es, Konflikte durchzustehen, und
halte an deinen Ansichten fest, so-
lange dich nicht wirklich jemand
vom Gegenteil überzeugen kann.
Hast du erst einmal ein paar Konflikt-
situationen gut überstanden, wird es
dir immer leichter fallen, mit ihnen
klarzukommen. Weiter unten verraten wir dir einige gute Strategien,
die dir dabei helfen können.

Wusstest du eigentlich, dass das Wort »Konflikt« übersetzt *Zusammenstoß*
bedeutet? Und wer stößt da mit wem zusammen? Klaro, zwei Menschen
mit unterschiedlicher Meinung. Aber deswegen muss es ja bei einem
Zusammenstoß nicht gleich knallen. Halte dir vor Augen, dass jeder sein
eigenes Ich hat und dass Menschen einfach unterschiedlich ticken, dann
kannst du die Meinung des anderen gut aushalten und brauchst deine
eigene nicht aufzugeben.

### WÖLFE IM SCHAFSPELZ? JA, DIE GIBT'S!

Menschen, die Angst vor Konflikten haben, die Angst haben, sich offen zu weh-
ren oder ihren Ärger und ihre Wut zu zeigen, schlüpfen in Rollen. Bei diesen
Rollen handelt es sich um Verhaltensweisen, die Menschen sich angewöhnt
haben, um nicht direkt abwehrend zu handeln oder ihren Kopf durchzusetzen.
Sie suchen Aus- bzw. Umwege, um ihre Gefühle nicht offen zeigen zu müssen.
Fachleute (wie G. R. Bach und H. Goldberg in ihrem Buch »Keine Angst vor
Aggression«) nennen das maskierte oder verdeckte Aggressionen. Es wird dich
vielleicht wundern, dass es aggressives Verhalten gibt, das auf den ersten Blick
nicht zu erkennen ist. Hier deswegen ein paar typische Beispiele dafür, damit
du verstehst, was das ist.

**Die ewig Vergesslichen** Es gibt Menschen, die sagen zu allem Ja und Amen
und versprechen hoch und heilig, etwas zu tun, um es dann doch zu *vergessen*.

Ihr Kommentar, wenn man sie darauf anspricht: »Mein Gott, hast du noch nie was vergessen?« Oder: »Das kann ja wohl mal passieren.« Die Folge: Die Menschen in ihrem Umfeld werden diese Personen sehr bald um nichts mehr bitten und ihnen auch keine wichtigen Aufgaben übertragen. Denn sie denken ja, dass sie unzuverlässig sind. Genau das wollte der *maskierte Aggressor* erreichen. Er muss in Zukunft weniger Verantwortung übernehmen und geht damit vielen Konflikten aus dem Weg. Interessant ist, dass die Vergesslichen selten das vergessen, was für sie selbst wichtig ist.

**Beleidigte Leberwürste** So jemand wehrt jeden Konflikt und jede Kritik ab, indem er oder sie sich einfach beleidigt zurückzieht. Mit oder ohne Tränen gibt diese Person wortlos zu verstehen, dass sie tief getroffen ist, aber auf keinen Fall darüber sprechen kann. Ihr Rückzug ist ihre Waffe. Sie lässt den Gegner einfach schmoren. So lange, bis der aufgibt und die beleidigte Leberwurst um Verzeihung bittet. Kinder, die dieses Verhalten von ihren Eltern abgeguckt haben, wiederholen es oft bei Freunden oder Partnern.

**Die Missversteher** »Ich hab gedacht, du brauchst die Unterlagen erst am Montag!« oder »Ich habe aber verstanden, dass ich dir das rote Shirt und nicht das blaue mitbringen soll« oder »Ich könnte schwören, dass du mir gesagt hast, ich soll ihr ruhig sagen, dass du sauer auf sie bist«.

Wenn solche Missverständnisse häufig vorkommen, können dies verdeckte Attacken gegen Aufgaben oder gegen Menschen sein, denen man sich entweder nicht gewachsen fühlt, die einem unangenehm sind oder auf die man keine Lust hat.

**Die ständigen Zuspätkommer** Sie bringen ihre Mitmenschen in eine frustrierende, ohnmächtige Position, denn der Wartende kann ja nicht weg. Er wird im Ungewissen gelassen, weiß nicht, wie lange er noch warten muss. Oft werden seine Pläne durchkreuzt, und es wird ihm das Gefühl vermittelt, dass seine Bedürfnisse nicht so wichtig sind. Der Zuspätkommer hat die ganze Aufmerksamkeit und spielt den Erlöser, wenn er dann endlich da ist. Diese Menschen sind Weltmeister im Erfinden von Ausreden, um die Wut des Wartenden abzuwehren. Das ändert jedoch nichts an der Tatsache, dass es sich bei diesem Verhalten um ein unfaires, aggressives Machtspiel handelt.

Es gibt noch andere Formen von verdeckten Aggressionen. Aber eines gilt für alle: Sie geschehen unbewusst. Keiner macht das mit Absicht. Deshalb überlege doch einmal, ob du jemand bist, der zu solchen Mitteln greift. Es wäre schön, wenn du zu der Ansicht kommen würdest, dass der direkte Weg, zu seinen Gefühlen und Überzeugungen zu stehen, der bessere ist. Denn aus den einmal gelernten Rollen kommt man so schnell nicht wieder heraus und damit tut man sich und den anderen keinen Gefallen.

## STREIT VERMEIDEN? BLOSS NICHT!

Wer am liebsten immer Harmonie haben will und ohne Streit auskommen möchte, könnte genauso gut versuchen, sich in einem Raum voller Wespen aufzuhalten, ohne gestochen zu werden. Ein Streit kann wie ein klärendes Gewitter an einem schwülen Sommertag wirken. Zoff in der Familie oder mit deinen Freunden solltest du nicht ausweichen, sondern dich dem Streit stellen. Denn wirklich verhindern kannst du ihn sowieso nicht.

### RICHTIG STREITEN WILL GELERNT SEIN!

Du willst bei einem Streit endlich mal als Siegerin hervorgehen? Kein Problem! Du musst dich nur an folgende Regeln halten:

**FIGHTEN MIT KÖPFCHEN** Streit ist auch eine Form von Kampf, nämlich der Kampf um den eigenen Standpunkt, die eigene Meinung, vielleicht auch um die eigene Würde, um Wiedergutmachung von Verletzungen und vieles mehr. Doch so ein *Streitkampf* sollte mit dem Verstand geführt werden und nicht nur mit den Gefühlen, sonst wird alles noch schlimmer als vorher. Denk also das nächste Mal gut darüber nach, was eigentlich passiert ist. Was wurde gesagt oder getan? Warum hat dich das so auf die Palme gebracht? Damit du zukünftig gelassener reagieren kannst.

49

**KURZ MAL LUFT HOLEN** Wut, Ärger und all die anderen starken Gefühle brechen ja meist plötzlich über einen herein. Deshalb ist es besser, erst einmal Zeit zu gewinnen, um zu ordnen, was vorgefallen ist. Bevor du die Streitrunde einläutest, erfinde einen Vorwand, um kurz aus dem Zimmer zu gehen. Damit verschaffst du dir die Zeit, dich wieder zu beruhigen und über eine sachlichere Argumentation nachzudenken.

**BLEIB BEI DEM, WORUM ES DIR WIRKLICH GEHT** Überlege dir möglichst genau, was dich so verletzt hat. Waren es einzelne Worte, war es der Tonfall, war es eine Verdrehung der Wahrheit? Je genauer du es erklären kannst, umso besser. Bist du alles losgeworden, wirst du dich hinterher richtig gut fühlen.

**WÄHLE ICH-SÄTZE STATT DU-SÄTZE** Sage: *Ich* fühle mich verletzt. *Ich* fühle mich ungerecht behandelt. *Ich* bin der Meinung, dass die Situation anders war. Sag nicht: *Du* hast mich verletzt. *Du* hast mich ungerecht behandelt. *Du* siehst das falsch. Selbst wenn du so fühlst. Du-Sätze sind ein Angriff, eine Unterstellung und machen eine Verteidigung umso schwerer. Denn nun fühlt sich der andere beleidigt und reagiert dementsprechend. Die Situation spitzt sich zu, und statt einem Streitgespräch von gegensätzlichen Meinungen entsteht ein aggressives Gefühlschaos.

**VERMEIDE WÖRTER WIE »IMMER«, »NIE«, »JEDES MAL« ODER »ALLE SAGEN«** Mit solchen Verallgemeinerungen drängst du deinen Partner nur unnötig in die Ecke, und euer Streit wird schnell zu einer Schlacht, die keiner gewinnen kann. Abgesehen davon stimmen solche Verallgemeinerungen äußerst selten.

**BELEIDIGE ODER KRÄNKE DEINEN (STREIT-)PARTNER NIEMALS VORSÄTZLICH** Damit verlierst du sein Vertrauen, und es fällt verdammt schwer, es wiederzugewinnen. Hast du Stunk mit einem Lehrer und rastest völlig aus, dann wird er dich sicher eine Weile auf dem Kieker haben. Flippst du bei Streits mit deinem Freund häufig aus, gibst du deiner Partnerschaft damit irgendwann den Todesstoß. Also versuche, möglichst bei deinen Ich-Sätzen zu bleiben und dem Inhalt, der dich sauer gemacht hat.

**SAG ENTSCHULDIGUNG** Im Eifer des Gefechts passiert es nun mal, dass man sich im Ton vergreift. Das ist meistens kein Problem, wenn man sich hinterher dafür entschuldigt. »Tut mir leid, dass ich so ausgeflippt bin!« Oder: »Sorry, wenn ich dich verletzt hab!« Solche Sätze wirken manchmal Wunder. Mit so einer Entschuldigung machst du einen Schritt auf den anderen zu, und es fällt ihm leichter, dir zu verzeihen. Außerdem vermeidest du mit deiner Entschuldigung auch eigene Schuldgefühle, besonders wenn du jemanden durch einen starken Gefühlsausbruch ungerecht behandelt oder gekränkt hast.

**SELBSTSICHER RÜBERKOMMEN** Mit deiner Körperhaltung und der Art, wie du guckst und sprichst, kannst du während des Streits viel erreichen. Versuche, ganz entspannt zu stehen, die Beine hüftbreit auseinanderzustellen und die Fußspitzen etwas nach außen zu drehen. Das signalisiert Selbstsicherheit. Blick deinem Gegenüber in entscheidenden Momenten direkt in die Augen. Damit zeigst du, dass du keine Angst vor ihm hast, aber auch, dass du ihn ernst nimmst.
Mit deiner Stimme kannst du ebenso beeindrucken. Wenn du selbstsicher klingen willst, rede bewusst ein bisschen tiefer und lass dir Zeit. Sprich während des Streits ruhig ein bisschen leiser, dann muss der andere ebenfalls seine Lautstärke runterfahren. Das verschafft dir indirekt Respekt. Und vor allem: Zeig anderen, dass du sie, ihre Meinung und Einwände ernst nimmst, denn dann werden sie auch dich ernst nehmen.

**VERSÖHNUNG GARANTIERT** Nach einem Streit mit den Eltern oder guten Freunden einfach mal den oder die anderen in den Arm nehmen. Wetten, das macht sie sprachlos und glättet die Wogen am schnellsten?

 **EXTRA-TIPP:**

## SAUER AUF DEINE ELTERN?

Überfall sie nicht zwischen Tür und Angel. Zum Beispiel, wenn sie gerade von der Arbeit nach Hause kommen. Das führt nur dazu, dass sie dir nicht wirklich zuhören. Warte lieber, bis sie vom Alltagsstress zur Ruhe gekommen sind. Beginn das Gespräch nach dem Abendessen, wenn ihr noch zusammen am Tisch sitzt, oder frag sie, wann sie Zeit haben, mit dir was zu besprechen. Sag ihnen, dass es dir wichtig ist und du es gern bald tun möchtest. Tipp: So wie mit deinen Eltern solltest du es auch bei Freunden, Lehrern und anderen Menschen machen, mit denen du etwas klären willst.

## VERSCHAFF DIR RESPEKT

Du fühlst dich oft übergangen, überhört oder nicht ernst genommen? Mit den nachfolgenden Tipps verschaffst du dir garantiert den gewünschten Respekt. Du wirst staunen, was sich alles erfüllt, wenn du klar und bestimmt sagst, was dir wichtig ist. Auch wenn es dir anfänglich schwerfällt, so zu sein, bleib dran und trainiere so lange, bis es vollkommen selbstverständlich für dich ist.

**JA SAGEN, ABER NEIN MEINEN!** Sag nicht zu allem Ja, sondern auch mal Nein. Das ist wichtig, um von anderen respektiert zu werden. Vertrete auch deine Grenzen. Sag »Jetzt nicht!«, »Lass mich in Ruhe!« oder »Stopp!«, wenn dir danach ist.

**LASS MICH BITTE AUSREDEN!** Wenn dich jemand mitten im Satz unterbricht, dann sieh ihn an und sag klar und deutlich: »Lässt du mich bitte ausreden!« Wetten, damit verschaffst du dir im Nu Respekt?

**SAG AUCH MAL: JETZT NICHT!** Dein Freund ruft dich zu jeder Tages- und Nachtzeit an und kaut dir das Ohr ab. Statt dich zu ärgern oder zu langweilen, beende einfach das Gespräch mit einem freundlichen, aber bestimmten »Jetzt nicht! Lass uns später darüber sprechen«.

**ICH WÜNSCHE MIR, DASS DU MIR ZUHÖRST!** Nimm dich selbst ernst. Nur wer von sich überzeugt ist und an seine Meinung wirklich glaubt, strahlt das auch nach außen aus. Mach dich groß. Rücken gerade. Kopf hoch! So wirkst du viel selbstbewusster. Sieh deinem Gegenüber in die Augen. Damit verleihst du deinen Sätzen mehr Nachdruck.

**BITTE RESPEKTIERE MEINE ENTSCHEIDUNG!** Durch diese Aussage signalisierst du, dass du jemand bist, mit der man nicht alles machen kann, die sich entschieden hat und bei ihrer Meinung bleibt – das flößt Respekt ein.

**ICH WILL, DASS DU MICH IN RUHE LÄSST!** Sag dem Typ, der dich öfter blöd anmacht, endlich mal die Meinung. Zeige ihm deine Grenzen auf. Setze dabei deine Stimme richtig ein. Je schneller du sprichst und je höher deine Stimmlage ist, desto hektischer und unsicherer wirkst du auf ihn. Solltest du dich nicht alleine trauen, nimm eine Freundin oder einen Freund mit, das kann helfen.

❀ ❀ ❀ **SCHON GEWUSST? TANZEN MACHT SELBSTBEWUSST!**
Tanzen ist nicht nur ein tolles Training, um dem Körper mehr Spannung zu geben, du kannst damit auch deine Respekt-Ausstrahlung unterstreichen. Egal, welchen Tanz du wählst, du stärkst damit deine Rückenmuskulatur, lernst, den Rücken schön durchzustrecken und die Schultern unten zu halten. Das wirkt nicht nur selbstbewusst, du wirst es auch mit der Zeit. ❀ ❀ ❀

 **MEINE MUTTER PLATZT STÄNDIG EINFACH SO IN MEIN ZIMMER. WAS KANN ICH DAGEGEN TUN?**
»Egal, ob ich allein, mit einer Freundin oder mit meinem Freund in meinem Zimmer bin, plötzlich steht meine Mutter in der Tür – und das, ohne vorher anzuklopfen. Was kann ich dagegen tun?«

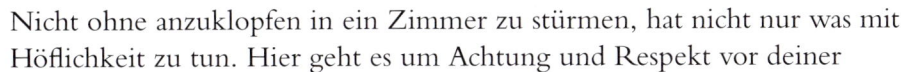

Nicht ohne anzuklopfen in ein Zimmer zu stürmen, hat nicht nur was mit Höflichkeit zu tun. Hier geht es um Achtung und Respekt vor deiner

Privatsphäre. Bitte deine Mutter, vorher anzuklopfen, und sage: »Mama, wenn ich Besuch habe, komm bitte nicht einfach rein. Das ist mir peinlich.« Egal, wie dein Verhältnis zu deinen Eltern ist, Streit, weil sie deine Privatsphäre verletzen, gibt's immer mal. Am besten, ihr handelt gemeinsam Grenzen aus, an die sich in Zukunft jeder halten soll. Bei manchen Eltern nützt jedoch das schönste Reden nichts. Dann wende dich an eine erwachsene Person, der auch deine Eltern vertrauen. Ideal ist jemand, der beide Seiten versteht und gut vermitteln kann. Das können ein Onkel, die Tante oder gute Bekannte deiner Eltern sein, deren Meinung sie respektieren. Bitte sie, deinen Eltern klarzumachen, dass du kein kleines Kind mehr bist. Erfahrungsgemäß klappt das fast immer.

## DEIN RECHT AUF EIN PRIVATES REICH

Jeder Mensch braucht einen Raum, wo er ungestört für sich selbst sein kann und seine Privatsphäre respektiert wird. Auch du. Denn wer das missachtet, verletzt die Grundregeln des Zusammenlebens. Spätestens, wenn du in die Pubertät kommst, müssen deine Eltern und Geschwister akzeptieren, dass auch du eine Intimsphäre hast, die sie nicht einfach stören dürfen.
Wollen deine Eltern das nicht akzeptieren? Dann mach ihnen klar, dass sie es auch nicht mögen, wenn du einfach so in ihr Schlafzimmer platzt. Grundsätzlich gilt: Je älter du wirst, umso mehr tritt die Elternaufsicht zugunsten des *Intimbereichs der Kinder* zurück. Das heißt: Bist du 11 oder 12, dann dürfen sich deine Eltern mehr erlauben als mit 16 oder 17. Wichtig: Wenn du willst, dass deine Privatsphäre respektiert wird, solltest du das selbst auch bei anderen tun, also auch bei deinen Eltern und Geschwistern!

### BITTE NICHT STÖREN!

Willst du in deinem Zimmer nicht gestört werden, hast aber keinen Schlüssel, mit dem du abschließen kannst? Dann häng ein BITTE NICHT STÖREN!-Schild an deine Tür.
Musst du das Zimmer mit deinen Geschwistern teilen, dann handle mit ihnen feste Zeiten aus, in denen du allein für dich sein kannst. In dieser Zeit bleibt die Zimmertür für sie verschlossen.

Bitte nicht stören !

## BADEZIMMER IST TABU

Du hast geduscht und bist gerade dabei, dich abzutrocknen, da platzt jemand aus deiner Familie ins Badezimmer. Das ist bestimmt nicht böse gemeint, kann aber ganz schön nerven. Schließ die Tür ab, wenn du für dich sein willst. Keine Angst, du darfst das.
Niemand hat das Recht, einfach ins Badezimmer zu kommen, wenn du das nicht möchtest.

## BRIEFGEHEIMNIS? BESTEH DARAUF!

Was ist, wenn deine Eltern deine Post öffnen oder einfach in deinem Tagebuch lesen? Das dürfen sie nicht – zumindest nicht ohne triftigen Grund. Jeder hat ein Recht auf Wahrung des Briefgeheimnisses. Auch du.
So steht es im Artikel 10 des Grundgesetzes: Jeder Mensch – also auch jedes Kind – hat ein Recht auf Wahrung des Briefgeheimnisses. Eltern müssen das beachten. Briefe, Tagebücher oder andere persönliche Aufzeichnungen von Kindern und Jugendlichen sind also tabu. Das gilt allerdings nicht für deine Schulhefte.

# Kapitel 4

## POWER, GIRLS!

# POWER, GIRLS!

Teenager zu sein ist spannend. Mit jedem Tag wirst du ein Stück erwachsener. Du wirst immer wieder vor neue Herausforderungen gestellt und musst erste wichtige Entscheidungen für dein Leben treffen. Da gilt es, die eigene Power zu entdecken, zu entwickeln und zu stärken. Wenn du nämlich weißt, was in dir steckt, was du erreichen und wie du dich gegenüber anderen durchsetzen kannst, wirst du viel leichter mit all dem Neuen in deinem Leben klarkommen. Zugegeben, ganz so einfach ist das nicht. Darum lass dir von uns helfen. Lies unsere Tipps für ein gesundes Durchsetzungsvermögen und hab den Mut, sie anzuwenden. Du wirst sehen, du kannst nur gewinnen!

## EIGENE ENTSCHEIDUNGEN MACHEN STARK!

Oje, jetzt muss ich mich entscheiden! Soll ich nach dem Schulabschluss auf eine höhere Schule gehen? Soll ich studieren oder doch besser eine Lehre anfangen? Wäre ein soziales Jahr nicht auch toll oder ein paar Monate als Au-pair-Mädchen im Ausland? Dir geht es jetzt wie vielen anderen auch: Du hast die Qual der Wahl! Natürlich wirst du diese Entscheidungen nicht ganz alleine treffen müssen und deine Eltern werden sicherlich auch mehr als ein Wörtchen mitreden wollen. Doch letztendlich sollte deine Meinung zählen. Du kommst also nicht drum herum, dir genau zu überlegen, was du wirklich willst und worauf es dir ankommt. Das ist gut so: Hast du nämlich einen

Entschluss gefasst, kannst du ihn nach außen überzeugender vertreten, und am Ende wirst du dich damit auch durchsetzen können.

### WER A SAGT, MUSS AUCH B SAGEN? NÖ!

Der Gedanke, dich endgültig für eine Sache entscheiden zu müssen, macht dir Angst? Sei beruhigt, nicht nur du hast kalte Füße. Ganz viele Menschen, auch Erwachsene, haben Entscheidungsängste. Du hast sie sicher auch schon mal gehört, Sprüche wie: »Wer A sagt, muss auch B sagen!«, oder: »Die Suppe, die du dir selbst eingebrockt hast, musst du auch wieder auslöffeln!« Solche Sprüche meinen, dass man eine einmal getroffene Entscheidung nicht wieder rückgängig machen kann. Aus Angst vor einer Fehlentscheidung will man sich lieber gar nicht erst festlegen. Um keinen Fehler zu begehen, will man das Ganze lieber *aussitzen*, die Entscheidung dem Zufall oder seiner Umgebung überlassen. Dann hat man wenigstens keine Schuld, wenn was schiefgeht. Ist doch so, oder?

Aber bei so einer Vogel-Strauß-Politik kommt meist nichts Gutes heraus und noch viel seltener etwas, was tatsächlich zu einem passt.

Sieh es einmal so: Zwischen verschiedenen Möglichkeiten wählen zu können oder zu dürfen, ist keine Qual, sondern eine Form von Freiheit. Eigentlich prima, oder? Jede Entscheidung ist zudem eine neue Erfahrung. Gefällt dir das Gewählte, Erlebte oder Gefühlte nicht, war es eben ein Irrtum. Irren ist menschlich und hinterher ist man immer schlauer. Wer keine Angst mehr vor Fehlern hat, für den hat auch das Treffen von Entscheidungen seinen Schrecken verloren, und etwas Verblüffendes geschieht: Es fällt einem wesentlich leichter, die richtige Entscheidung für einen selbst zu treffen!

Außerdem besteht ja fast immer die Möglichkeit, eine Entscheidung im Nachhinein zu korrigieren. Du kannst dir dabei ruhig Hilfe holen – von Freunden oder deinen Eltern. Ist etwas schiefgelaufen, sagst du: »Bitte hilf mir, ich habe mir da etwas eingebrockt, aus dem ich allein nicht wieder herauskomme!« Das ist kein Zeichen von Schwäche, sondern von Mut und Selbstbewusstsein.

## ES SICH SELBST UND NICHT ANDEREN RECHT MACHEN

Triff keine Entscheidung, nur weil du jemand anderem gegenüber ein schlechtes Gewissen hast und ihn nicht enttäuschen willst. Damit tust du weder der betreffenden Person noch dir einen Gefallen.

Triff keine Entscheidungen aus einer Laune heraus, sonst bereust du deinen Entschluss vielleicht schon bald. Überstürze deine Entscheidungen nicht, vor allem, wenn es um etwas Wichtiges geht. Meistens bleibt genug Zeit, um noch einmal eine Nacht darüber zu schlafen. Mit etwas Abstand sehen die Dinge eventuell ganz anders aus.

Stress dich nicht, wenn du dich noch nicht auf der Stelle entscheiden kannst. Vielleicht fragst du jemanden um Rat, dem du vertraust oder der selbst schon vor einer ähnlichen Entscheidung gestanden hat. Hör dir an, welche Erfahrungen er gemacht hat, und wäge ab, ob das auch auf dich zutreffen könnte. Versuche aber immer, deine Entscheidungen selbst zu treffen. Mit etwas Übung wird es dir von Mal zu Mal leichter fallen.

## DEINE PRO-&-KONTRA-LISTE

Immer noch keinen Plan, für wen oder was du dich entscheiden sollst? Dann mach eine Pro-&-Kontra-Liste! Schreib zu jeder deiner Entscheidungsmöglichkeiten auf, was dafür und was dagegen spricht. Die wichtigsten Argumente kommen immer ganz oben hin! Bist du fertig, dann vergleiche deine Listen. So findest du meistens schnell raus, was für dich die bessere Alternative ist.

Hör auch auf deine innere Stimme und bezieh das, was sie, deine Gefühle, deine Träume sagen, in deine Entscheidung mit ein. Denn mit dem *Bauch-gefühl* liegt man häufiger richtig, als man denkt.

### ❀ ❀ ❀ POWER BEWEISEN!

1. Selbst die Initiative ergreifen und sich entscheiden!
2. Keine Scheu haben, etwas Neues auszuprobieren!
3. Geradeheraus sagen, was man denkt, sowohl bei Komplimenten als auch bei Kritik!
4. Anderen ruhig Löcher in den Bauch fragen!
5. Nicht um den heißen Brei herumreden, sondern signalisieren, dass man genau weiß, was man will! ❀ ❀ ❀

### IST COOLNESS COOL?

Du glaubst, das ist so? Dann wäre die Folge: Seine Gefühle zeigen ist uncool. Schon mal überlegt, was das Wort *cool* in der Übersetzung heißt? Genau, *cool* bedeutet *kalt*. Warum sagen wir, dass jemand cool ist? Was meinen wir damit? Das Modewort ist ein Spiegel unserer Zeit. Damit beschreiben wir Menschen, die gelassen und nicht nervös sind, die über den Dingen stehen und anderen überlegen sind. Wenn eine Gesellschaft ein kühles, überhebliches Verhalten toll findet, dann haben es die Menschen schwer, die nicht so cool sind. Vielleicht können die Uncoolen ihre Gefühle einfach nicht so gut verstecken. Wir behaupten, dass diese coolen Typen, die von allen bewundert werden, in Wahrheit nur die besseren Schauspieler sind. Ihre Coolness ist oft nicht echt. Sie setzen eine coole Maske auf, weil sie glauben, dass sie so besser ankommen. Guckt man hinter die Fassade, wird sichtbar, dass coole Menschen lange nicht so selbstsicher sind, wie sie tun. Schau dir mal die obercoolen It-Girls, Stars und Promis an. Leben sie tatsächlich ein Leben, das zu ihnen passt und das sie glücklich macht? Nur wenige von ihnen haben eine längere Beziehung, oft spielen Drogen und Alkohol eine zerstörerische Rolle in ihrem Leben und Depressionen sind keine Seltenheit. Coolness hat so gesehen Folgen. Wer seine Gefühle versteckt, um cool oder *in* zu sein, verliert seine Persönlichkeit und seine wirklichen Freunde. Denn die behält nur, wer zu sich und zu seinen Gefühlen steht. Das mag uncool erscheinen. Geliebt wird man aber nicht wegen einer coolen, sondern wegen einer wahrhaftigen, gefühlvollen, natürlichen und ehrlichen Art.

# Hey, warum so schüchtern!

Sobald man beginnt zu sprechen, spürt man, wie einem die Hitze in den Kopf steigt. Man läuft rot an wie eine Tomate und gerät ins Stottern. Und das geschieht vor allem dann, wenn du vor einer Gruppe sprechen sollst, von fremden Menschen angesprochen, gelobt oder kritisiert wirst. Du kennst das? Wir haben zwei Botschaften für dich. Erstens, du kannst deine Schüchternheit mit den richtigen Gedanken besiegen. Zweitens, dir geht es nicht alleine so. Laut einer Befragung sagten 90 % der Deutschen, dass sie entweder ständig oder zeitweise mit dem Problem der Schüchternheit zu kämpfen haben. Also, du bist mit deinem Problem weiß Gott nicht allein. Anderen geht es wie dir!

Bestimmt willst du wissen, warum das so ist. Es gibt verschiedene Ursachen, warum jemand schüchtern ist. Einmal, weil er einen besonders hohen Respekt vor einer Person hat. Ein weiterer Grund ist die generelle Unsicherheit anderen Personen gegenüber: Man weiß nicht, wie man ankommt, was man sagen soll und was andere von einem erwarten. Schüchterne Menschen gehen davon aus, dass alle anderen Menschen besser, klüger, witziger, insgesamt einfach interessanter und darum sicherer sind als sie selbst. Aber dem ist gar nicht so, sonst hätte die Befragung ein anderes Ergebnis gehabt.

## Rezepte gegen Schüchteritis!

**Kritisier dich nicht ständig** Wenn du dich für deine Schüchternheit ständig selbst kritisierst, setzt das nur einen Teufelskreis in Gang, mit dem du dich selbst blockierst. Du empfindest dich als schüchtern, kritisierst dich dafür und wirst dadurch nur noch unsicherer. Es ist besser, wenn du dir eingestehst, dass du schüchtern bist. Denn wer zu sich und seinen Gefühlen steht, kommt bei anderen auf Dauer besser an.

**Schau dich mal mit andern Augen an** Schüchterne glauben oft, dass andere sie für ihre Unsicherheit verurteilen. Ist das wirklich so? Überleg dir, wie du es findest, wenn jemand errötet, sich verspricht oder mal einen Blackout hat. Bist du solchen Menschen gegenüber nicht viel großzügiger? Vielleicht findest du sogar etwas Liebenswertes an ihrem Verhalten? Genauso geht es anderen mit dir!

**SAG, WAS DU GERADE FÜHLST** Du lernst jemanden kennen, der dir gefällt. Dir flattern die Nerven, du wirst kribbelig, denkst über jedes Wort dreimal nach, und wenn du schließlich etwas sagst, kriegst du kaum einen geraden Satz heraus. Viel leichter wird's, wenn du deine Nervosität einfach zugibst. Sag, was du gerade empfindest und was dir durch den Kopf geht, zum Beispiel: »Ich krieg gerade kein vernünftiges Wort raus, ich bin total aufgeregt.« Probier es mal aus, du wirst überrascht sein, wie gut das ankommt!

❀ ❀ ❀ **HAUSPUTZ FÜR NEGATIVE GEDANKEN!**
*Der findet mich bestimmt uninteressant. Der hat Besseres zu tun, als mir zuzuhören. Der denkt bestimmt, ich bin lästig. Bei meinem Aussehen habe ich sowieso keine Chance!* Überlege mal, kann das wahr sein? Bist du wirklich so langweilig und mickrig und die anderen soooo toll? Wohl kaum! Also ist Hausputz angesagt, und zwar in deinem Kopf. Raus mit all den negativen Gedanken! Nur wenn du dir selbst eine Chance gibst und die anderen von ihrem Thron holst, kannst du deine Hemmungen abbauen. ❀ ❀ ❀

# PEINLICH! WIESO?

Vor der Klassentür ausrutschen und voll auf den Hintern krachen? Und wenn schon! Jedem von uns ist schon etwas richtig Peinliches passiert. »Ziemlich Panne, was?«, oder: »Mein Gott, bin ich mal wieder peinlich …!« Könnten Sätze wie diese von dir stammen? Warum findet man sich peinlich und warum schämt man sich dafür? Würden wir allein durch die Welt marschieren, wäre uns gar nichts peinlich. Das ist tatsächlich so! Denn uns ist nur etwas peinlich, weil wir uns von der Meinung anderer abhängig machen. Selbst in der Öffentlichkeit, wo uns keiner kennt. Wo Leute sind, denen man ja nie wieder begegnen wird. Der Grund: Man will einen positiven Eindruck auf andere machen. Egal, ob man sie kennt oder nicht. Besonders, wenn man jung ist. Da zerbricht man sich ständig den Kopf darüber, was andere denken könnten, und schämt sich in Grund und Boden, wenn einem etwas *Unpassendes* passiert. Doch diese *Peinlichkeit* wird von anderen oft nicht mal bemerkt. Deshalb denk mal nach und schreib am besten auf, welche Situationen dir die meiste Peinlichkeits-Panik verschaffen. Fremde ansprechen müssen? Allein auf eine Party gehen? Im Restaurant nach dem Klo fragen und dabei gesehen werden, wenn du es wieder verlässt? Was befürchtest du? Auf die Toilette muss schließlich jeder, pinkeln auch und rauskommen auch, oder? Die Angst, peinlich aufzufallen, ist zumindest hier völlig unbegründet. Gehe mithilfe solcher Gedanken deine *Horror-Liste* durch. Versuche, von nun an alle Situationen zu meistern, die dir peinlich sein könnten. Die, die dir am leichtesten fällt, kommt zuerst dran. Hast du sie bewältigt, hakst du sie ab und nimmst dir die nächste vor. So übst du, den Stier bei den Hörnern zu packen, und wirst dich von Mal zu Mal sicherer bewegen. Und sollte es Pannen beim Üben geben, dann denke: Missliches passiert nun mal. Nicht nur mir, sondern jedem von uns.

 **EXTRA-TIPP:**
## KEINE PANIK AUF DER TITANIC!
Diese Atemübung hilft, dich zu entspannen, wenn dein Kopf voll ist: Leg deine Hand flach auf den Bauch, etwa zwei Zentimeter unterhalb des Bauchnabels. Atme tief über den Mund ein und stell dir vor, wie dein Atem bis hinunter zu deiner Hand fließt und die Hand auf dem Bauch anhebt. Dann stell dir vor, wie dein Atem wieder über den Brustraum zurück durch die Nase nach außen entweicht. Spür dabei, wie deine Hand nach unten sinkt. Wiederhole das so lange, bis du wieder ruhiger wirst.

## ERLAUB DIR, ROT ZU WERDEN!
Schießt dir bei stressigen und peinlichen Situationen auch das Blut ins Gesicht und du wirst dann immer noch röter, wenn du daran denkst? Das Fiese ist ja, je mehr wir das Rotwerden verbergen wollen, umso weniger gelingt es uns. Versuche am besten, dein Erröten erst gar nicht zu unterdrü-

cken. Es funktioniert ja doch nicht. Je mehr Angst du davor hast, umso eher und heftiger wird es dir passieren. Versuche, es hinzunehmen, und sage zu dir: »Es ist okay, wenn ich jetzt rot werde. Das geht auch wieder weg!«, oder denke: »Wahrscheinlich werde ich jetzt erröten. Das kenn ich schon. Ich werde es überleben!« Je weniger Bedeutung du dem Rotwerden beimisst, umso seltener wird es dir passieren. Mit dem Erröten ist es wie mit den Peinlichkeiten: Viele sehen das Rotwerden nicht als Schwäche, sondern als eine sehr menschliche Reaktion und nehmen es darum kaum wahr.

## SCHON GEWUSST?
## ROT WERDEN. WIE KOMMT'S?

Finden wir eine Situation peinlich, unangenehm oder bedrohend, entsteht eine Anspannung im Körper. Wann immer wir etwas als gefährlich oder unangenehm bewerten, reagiert unser Körper. Stress entsteht. Weil er dabei erhitzt, versucht er, sich abzukühlen. Die Abkühlung erfolgt durch Erweiterung der Blutgefäße und das macht die Haut rot. Übrigens, die Neigung zum Rotwerden kann vererbt werden.

 SOS-TIPP:
## PANISCHE ANGST VOR MENSCHEN?

Wir haben über Schüchternheit gesprochen, die aus Unsicherheit entsteht. Es kann jedoch sein, dass jemand so schlechte Erfahrungen mit anderen Menschen gemacht hat, dass er nicht nur schüchtern ist, sondern Angst vor Menschen hat. In so einem Fall braucht man Hilfe, am besten durch einen Gesprächstherapeuten. Man kann sich zum Beispiel an pro familia wenden oder an Frauentherapie-Zentren, die es in jeder größeren Stadt gibt.

## NA UND? DAS KANN ICH AUCH!

Wie wäre es, wenn du dich mal an Sachen heranwagst, die angeblich nur was für das männliche Geschlecht sind? Zum Beispiel auf zwei Fingern pfeifen, Kiesel übers Wasser flippen lassen, Lagerfeuer machen, ein ab-- gesoffenes Mofa in Gang bringen, Flaschen ohne Öffner aufkriegen, aufs Fußballtor schießen, ein Loch für einen Dübel in die Wand bohren, deine Lampe montieren, das Regal aufbauen, Abseitsregeln beim Fußball beherr-schen und Pommes rot-weiß im Stadion futtern. Wetten, nicht nur deine Umwelt, sondern du selbst wirst über dich verblüfft sein? Es ist ein super-lässiges Gefühl, etwas zu schaffen, was man normalerweise nur Jungen zutraut.

## SMILE. LACH AUCH MAL ÜBER DICH!

Nichts macht sympathischer als Humor. Wenn dir also das nächste Mal ein Missgeschick, ein Versprecher oder eine Ungeschicklichkeit passiert und jemand einen dummen Scherz auf deine Kosten macht, bleib locker und lächle. So, wie du manchmal auch über die Missgeschicke der anderen lachst, kichern sie natürlich auch über dich. Darum ärgere dich nicht und fühl dich nicht persönlich gekränkt. Mit einem guten Schuss Selbstironie und Humor machst du dir und anderen das Leben leichter. Trick gefällig, wie du dir ein Lachen entlocken kannst? Stell dir eine Situation vor, die dir oberpeinlich ist, und schau dich dabei im Spiegel an. So siehst du also aus, wenn du total verlegen wirst. Wetten, dass du bei deinem Anblick selbst über dich schmunzeln musst. Dieses Bild speicherst du ab und holst es dir immer dann vor Augen, wenn du das Gefühl hast, es ist mal wieder so weit. Wer es schafft, trotz eines Missgeschicks sich oder andere zum Lachen zu bringen, der zeigt wahre Größe. Das imponiert!

### SCHADENFREUDE

Pannen, Pech und Pleiten. Der berühmteste Satz dazu lautet: Humor ist, wenn man trotzdem lacht. Humor ist aber etwas anderes als Schadenfreude. Es gibt leider genügend Menschen, die andere auslachen, das heißt sich darüber freu-en, wenn sie zu Schaden kommen. Das ist kein Humor, sondern eine Gemein-heit. Damit macht man Menschen klein, beschämt sie, und wenn man genau hinsieht, dann ist das auch eine Form der maskierten Aggression, wie wir sie im dritten Kapitel schon beschrieben haben. Leider lässt sich Häme gemeiner

Menschen nicht verhindern. Kein Drama daraus zu machen, ist auch hier die sicherste Methode. Solltest du dich jedoch wirklich verletzt haben oder irgendwie in Not geraten sein, darfst du ruhig auch mal heftiger auf die Schadenfreude reagieren. Zeig dem Blödmann, der sich über deine missliche Lage gerade diebisch freut, was du von ihm hältst und dass dir gerade überhaupt nicht nach Lachen zumute ist, sondern dass du Hilfe benötigst und er dir gefälligst helfen soll.

## TRATSCHEN IST DOOF? PAPPERLAPAPP!

Mal ehrlich, mit einer guten Freundin so richtig über die neue Mode ablästern, den neuesten Tratsch über Stars austauschen oder sich über blöde Lehrer das Maul zerreißen – das macht Spaß.

Tratschen tun wir alle gern. *Was macht der? Mit wem ist die seit Neuestem zusammen? Hast du gesehen, wie …? Hast du gehört, dass …!* Eine große Anzahl von Illustrierten und Star-Magazinen lebt von der Neugier der Menschen. Ein harmloses Spiel. Aber leider gibt es noch eine andere Spezies von sensationshungrigen Mädchen, deren Geschichten gar nicht so spaßig sind.

## GOSSIP-GIRLS? GEKONNT AUFLAUFEN LASSEN!

Böse Sprüche ablassen, das können diese Mädchen mit ihren spitzen Zungen besonders gut. Da fällt einem meist nichts mehr ein und schon gar nicht die passende Antwort. Hier zwei Strategien, wie du zukünftig das böse Mundwerk professioneller Lästermäuler stopfen kannst:

### GELANGWEILT TUN …

… die sichere Methode für schüchterne Mädchen. Man muss nämlich nicht gleich mit einem coolen Spruch zum Gegenangriff starten. Das ist in der Situation oft gar nicht möglich. Tu so, als ob alles an dir abprallen würde. Tu so, als ob du gähnen müsstest.

67

Überhöre ihre blöden Kommentare einfach. Sobald sie merken, dass sie bei dir mit ihren billigen Witzen und Sticheleien nicht weit kommen, wirst du für sie ohnehin uninteressant und sie suchen sich ein neues Opfer.

### SELBSTBEWUSST REAGIEREN ...

... mit einem frechen Spruch, wie: »Da passen wir ja super zusammen!«, oder: »Hab ich richtig gehört? Ich wüsste da einen guten Arzt!« Wetten, deine Schlagfertigkeit wird sie überraschen? Wie heißt es so schön: Angriff ist die beste Verteidigung. Das kann man üben.

 ### SOS-TIPP!

Wenn aber Tratsch zur Intrige wird, sieht das Spiel anders aus.
Sollte also jemand bewusst ein Gerücht über dich verbreiten, um dir zu schaden, dann wird es ernst. Der Gesetzgeber spricht von »übler Nachrede«, und das ist strafbar, denn dem Betroffenen kann dadurch psychischer oder materieller Schaden entstehen. Was tun, wenn es einen erwischt hat, wenn du erfährst, dass hinter deinem Rücken miese Geschichten über dich im Umlauf sind? Da hilft nur eins, finde den Übeltäter und stelle ihn mithilfe von Erwachsenen (ältere Geschwister, Eltern, Vertrauenslehrer) zur Rede.

### WENN BOYS DUMM DAHERREDEN

Keine Ahnung, wo Jungen diese beknackten Vorurteile gegen Mädchen herhaben. Ist ja auch egal. Lass dich von ihnen nicht damit provozieren und schon gar nicht irritieren, denn du weißt es besser!

### MÄDCHEN HABEN VON TECHNIK NULL AHNUNG? HAHA!

Okay, Mädchen sind oft besser in Deutsch und Jungen brillieren oft in Mathematik. Was aber noch lange nicht heißt, dass Mädchen in Sachen Technik nichts draufhaben. Der erste Mensch, der einen Computer programmiert hat, war eine Frau, nämlich die Mathematikerin Ada Lovelace. Damals hieß der Computer noch Differenzmaschine und das war vor 160 Jahren. Weiterer Beweis gefällig? 2001 gewann die Deutsche Jutta Kleinschmidt die Rallye-Dakar, das einstmals härteste Langstreckenrennen der Welt, das großteils auf Wüstenboden gefahren werden musste.

### Mädchen sind Weicheier? Denkste!

Was die Muskelmasse angeht, mag das zutreffen. Denn Jungen haben ca. 20 % mehr Muskelmasse als wir. Das macht sie beim Sport um 10 % schneller. Doch dafür sind Mädchen widerstandsfähiger und ausdauernder, und das nicht nur im Sport. Mädchen besitzen zwei X-Chromosomen und Jungen nur eins, darum erkranken Mädchen viel seltener an Virus- und Bakterieninfektionen. Denn auf dem X wird die Info fürs Immunsystem gespeichert. Na bitte!

### Viele Mädchen sind frigide? Totaler Quatsch!

Es gibt Jungen, die es einfach nicht begreifen können, wenn Mädchen noch keinen Sex haben wollen. Der Begriff »Frigidität« ist total veraltet und wird unter Fachleuten schon lange nicht mehr verwendet. Es ist doch völlig okay, wenn Mädchen vorsichtiger sind, wenn es um Sex geht. Jungen können ja nicht schwanger werden.

### Mädchen sind Heulsusen? Na und!

Mädchen weinen zwar meist schneller als Jungen, aber das hat nichts mit Schwäche zu tun. Durch Tränen werden Gefühlsspannungen gelöst, Stress abgebaut und sogar schädliche Stoffe aus dem Körper gespült. Menschen, die weinen, haben weniger Kopfschmerzen, Depressionen, Verdauungsprobleme und Herzleiden. Ist doch clever, oder?

### Mädchen sind Zicken? Das hättet ihr wohl gerne!

Wann werden Mädchen von Jungen als Zicken bezeichnet? Genau, wenn sie sich etwas nicht gefallen lassen, auf ihrer Meinung beharren oder nicht zu allem Ja sagen. Also immer dann, wenn sie etwas machen oder sagen, was Jungen nicht in den Kram passt. Wer verhält sich da eigentlich zickig?

## WIESO IMMER ICH?

»Immer bleibt alles an mir hängen. Ich bin die erste Anlaufstelle bei Herz-
schmerz und Schulstress, Nachhilfe vor Mathearbeiten, als Organisatorin
von Schulausflügen und Aufräumfrau nach Klassenfeten!«

Klar, es ist schön, gebraucht zu werden. Aber frag dich mal, warum du das
alles machst oder mitmachst. Ist es, weil du denkst, dass die anderen sauer
auf dich sind, wenn du ihnen eine Bitte abschlägst? Vielleicht stimmt das
gar nicht. Probier es aus, fordere ruhig mal Gegenleistungen, gib Verantwortung oder Aufgaben an andere ab. Beobachte, was dann passiert.
»Delegieren« heißt das Zauberwort! Damit fühlst du dich sicher besser, und
die anderen lernen zu schätzen, was du bis jetzt alles für sie getan hast.

## LASS DICH NICHT AUSNUTZEN!

Leichter gesagt als getan. Viele haben von Kindheit an gelernt: Wenn ich
gemocht oder beliebt sein will, muss ich etwas dafür tun. Fachleute nennen
es das *Liebe-Leistungsprinzip*. Anders gesagt: Leiste ich etwas, strenge ich
mich an, bin immer für andere da, helfe ihnen und unterstütze sie, dann
bekomme ich Anerkennung und werde gemocht. Ist das so? Nein, wer
dieses Lernprogramm in sich trägt, wird ausgenommen wie eine Weih-
nachtsgans. Warum? Menschen sind normalerweise von Natur aus bequem
und niemand will sich unnötig anstrengen. Prima, wenn dann einer da ist,
der immer als Erster »Hier!« ruft, wenn Arbeit anfällt. Aber respektiert wird
er dafür selten. Dagegen zollt man denjenigen Respekt, die ganz klar sagen,
wenn ihnen etwas zu viel ist, nicht zu ihren Aufgaben gehört oder wenn sie

sich für etwas nicht verantwortlich fühlen. Sie können klare Grenzen ziehen und das wird respektiert. Darum trau dich ruhig, Nein zu sagen. Unbeliebt macht dich das nicht, im Gegenteil. Wenn du das Gefühl hast, ausgenutzt zu werden, lehne gleich ab oder sag, dass du dir das erst noch einmal überlegen musst. Sage nur zu, wenn du das Gefühl hast, dass die Arbeit gerecht verteilt ist. Geben und Nehmen sollte ausgeglichen sein. Das Gefühl, ausgenutzt oder ungerecht behandelt zu werden, macht unglücklich.

## BIST DU ZU GUTMÜTIG? FINDE ES HERAUS!

Gibst du gleich klein bei und immer lieber nach? Lässt du dich ausnutzen und dir viel zu viel gefallen? Oder zählst du eher zu den tougheren Mädchen? Mach den Test!

**1.** Du hast dich mit deiner Freundin verabredet, doch sie kommt 20 Minuten zu spät. Was fühlst du?
   a) Ist schon okay, es kommt ja nicht ständig vor.
   b) Ich bin genervt, aber das geht vorbei.
   c) Ich bin sauer! Kann sie nicht pünktlich sein?

**2.** Eine Klassenkameradin fragt dich, ob sie sich deinen Aufsatz ansehen kann, um auf *gute Ideen* zu kommen. Wie reagierst du?
   a) Ich gebe ihn ihr natürlich. Wieso nicht?
   b) Ich gebe ihn ihr und hoffe, dass sie nicht abschreibt.
   c) Ich zeige ihn nicht, soll sie doch ihre Hausaufgaben selbst machen.

**3.** Du und dein Bruder sollt die Küche aufräumen. Aber dein Bruder weigert sich, zu helfen. Was machst du?
   a) Bevor es Ärger gibt, räume ich eben allein auf.
   b) Ich schlage ihm einen Deal vor, wo er etwas für mich machen muss, und räume allein auf.
   c) Ich erledige meinen Teil und gehe.

71

**4.** Deine Freundin hat ein Geheimnis von dir ausgeplaudert. Bist du sauer auf sie?

    a) Nee, so was passiert schon mal.

    b) Ich verzeihe ihr, obwohl ich das nicht gut finde, und das sage ich ihr auch.

    c) Klar bin ich total sauer, der erzähle ich nie wieder was.

**5.** Dein Freund will seinen Freunden beim Fußball zugucken, aber du magst lieber ins Kino. Was nun?

    a) Ich gehe mit zum Fußball. Ins Kino können wir auch ein anderes Mal gehen.

    b) Wir können ja beides machen.

    c) Ich lass mich nicht abbringen und gehe ins Kino.

*Du hast meistens a) gewählt:*

Du bist die Nettigkeit in Person und hast es sicher schon selbst gemerkt: Dein Ego und deine Ziele durchzusetzen, ist nicht dein Ding. Allerdings kommst du dabei selbst viel zu kurz. Wenn du immer das tust, was andere wollen, wirst du auf Dauer unglücklich. Was du lernen musst, ist, auch mal Nein zu sagen und deinen Standpunkt zu vertreten, sonst kann es dir passieren, dass dich bald niemand mehr ernst nimmt.

*Du hast meistens b) gewählt:*

Du bist nett und immer für deine Freunde da, aber weil sie das wissen, nutzen sie das leider auch aus. Versuche, dich etwas mehr gegen sie durchzusetzen. Du bleibst dennoch eine gute Freundin, auch wenn du zuerst an dich denkst. Du musst ja nicht der knallharte Typ werden, dem andere schnuppe sind. Aber ein bisschen mehr Durchsetzungskraft tut dir bestimmt gut.

*Du hast meistens c) gewählt:*

Zu nett bist du auf keinen Fall. Du willst, dass alle nach deiner Pfeife tanzen, und am liebsten auch immer deinen Willen durchsetzen. Deinen Freunden geht das ziemlich auf den Keks. Versuch doch mal, anderen zuzuhören. Du wirst feststellen, dass es immer auch andere Sichtweisen gibt, die du berücksichtigen solltest. Statt mit dem Kopf durch die Wand zu gehen, benutze lieber die Tür.

## BEKOMMEN, WAS MAN WILL!

Och, bittööööö! Dieses Herumbetteln bringt selten etwas. Viel erfolgreicher bist du mit einer guten Verhandlungstaktik. Deshalb hier ein paar kluge Strategien, wie du deine Wünsche erfolgreich durchsetzen kannst.

**SO SAGST DU'S DEINEN ELTERN** Du willst bei einer Freundin übernachten, ein Haustier haben, abends länger wegbleiben oder endlich mehr Taschengeld? Dann schau mal, was passiert, wenn du dich anders verhältst als sonst. Du überlegst dir, was du deinen Eltern im Gegenzug anbieten kannst. Wer nicht nur Forderungen stellt, sondern seinen Eltern dafür auch einen Gefallen tut, verhandelt erfolgreicher.

**NICHT ALLES AUF EINMAL FORDERN** Du willst zum Beispiel in den Ferien mit Freunden zwei oder drei Wochen wegfahren, aber deine Eltern sind dagegen. Dann handle zunächst mal ein Wochenende aus. Merken deine Eltern, dass das gut klappt und sie sich auf dich verlassen können, ist es sehr wahrscheinlich, dass sie dir auch den Urlaub in den Ferien genehmigen. Zeig ihnen, dass sie sich auf dich verlassen können. Du hältst dich an Absprachen und Vereinbarungen und entschuldigst dich dafür, wenn du mal was verpennt hast. Spüren sie, dass du zuverlässig bist, erlauben sie dir auch mehr.

**VERTRAUEN SCHAFFEN** Du willst eine riesengroße Party bei dir zu Hause machen? Klar, Eltern haben Angst, dass ihr über die Stränge schlagt oder euch betrinkt. Es ist ganz simpel, Eltern wollen Infos. »Ich verstehe ja, dass ihr euch Sorgen macht, weil ich euch noch nicht erzählt habe, wie ich mir die Party vorstelle.« Je offener und ausführlicher du erzählst, was du vorhast, umso weniger Platz bleibt für ihre wilden Angstfantasien. Das schafft Vertrauen und beruhigt sie.

**ARGUMENTE FÜR MEHR TASCHENGELD** Du kriegst kein Taschengeld oder viel zu wenig? Überleg dir vorher, welches Argument am besten zu deiner Situation und deinen Eltern passt! Mach dazu eine genaue Liste deiner monatlichen Ausgaben und leg sie deinen Eltern vor. Biete ihnen aber auch an, mehr Aufgaben im Haushalt zu übernehmen. Deine Eltern wollen wissen, wo dein Geld bleibt? Deine Antwort: Die Schulsachen sind teuer. Oder: In der Pause gibt es einen supergesunden Snack im Schulladen, der aber leider nicht billig ist.

**AUSGEHERLAUBNIS VERLÄNGERN** Mach keinen Riesen-aufstand, sondern begründe gut, warum du abends länger weggehen willst. Erkundige dich bei deinen Klassen-kameraden, wie lange sie abends wegdürfen, dann hast du einen Anhaltspunkt dafür, was wirklich realistisch ist. Erwarte nicht gleich, dass du dann immer länger weg-bleiben darfst, sondern fordere zunächst mal die Erlaub-nis für eine bestimmte Sache. Wie wär's mit einem Deal? Du versprichst deinen Eltern, dich in der Schule anzustrengen, dafür gibt es dann ab und zu eine Ausnahme mit Partyplan am Wochenende und Kinobesuchen unter der Woche.

**NICHTS ÜBERTREIBEN** Willst du deine Eltern von etwas überzeugen, überlege dir genau, was sie dagegen haben könnten und wie du ihre Argumente geschickt entkräftest.
»Alle meine Freundinnen dürfen das auch!«, »Die aus meiner Klasse machen das doch auch nicht!«, »Nur ich muss früher heim!« – sicher kennst du diese Sätze von dir selbst. Dabei weißt du genau, dass solche Aussagen meistens maßlos übertrieben sind. Du benutzt sie nur deshalb, weil du glaubst, dass du viel überzeugender bist, wenn du ein bisschen übertreibst. Tatsache ist aber, dass du bei deinen Eltern genau das Gegenteil erreichst: Widerstand! Dann geht's ganz schnell um alles Mögliche, aber nicht mehr um das eigentliche Problem.

### So lange darfst du abends weg!

Bis du 18 – also volljährig – bist, haben deine Eltern das Aufenthaltsbestimmungsrecht über dich. Ab 16 kannst du Klubs und Discos besuchen, aber spätestens um 24 Uhr ist Schluss. Es sei denn, du bist in Begleitung eines Erziehungsberechtigten, dann sind die Zeitgrenzen aufgehoben. Bist du unter 16, geht's nur in Begleitung deiner Eltern oder eines Erziehungsberechtigten.

Willst du allein in die Disco, kannst du erst ab 18 die ganze Nacht durchtanzen. Wichtig: Es reicht nicht aus, wenn einer aus deiner Clique bereits 18 ist, um als dein Erziehungsberechtigter aufzutreten. Er muss mündlich (besser schriftlich!) von deinen Eltern berechtigt worden sein. Übrigens, viele Discos bieten Formulare zum Download an, die dann vor dem Discobesuch ausgefüllt und mitgebracht werden müssen.

Wenn aber dein Jugendzentrum eine Disco veranstaltet oder in eurem Ort ein Feuerwehr- oder Schützenfest stattfindet, darfst du schon mit 14 ohne Eltern hin. Dann gelten auch andere Zeiten als für Klubs und Discos. Bist du noch keine 14, ist für dich um 22 Uhr Schluss.

### Allein verreisen! Ab welchem Alter darf man das?

»Meine Freundin und ich wollen ohne unsere Eltern in die Ferien fahren und in Jugendherbergen übernachten. Ab wann darf man das?«

Ab 14 Jahren dürfen Jugendliche allein in Deutschland verreisen und in Jugendherbergen übernachten. Du brauchst aber (bis du 18 bist) die Zustimmung deiner Eltern. Sie haben die Aufsichtspflicht und werden verantwortlich gemacht, wenn dir etwas passiert oder du unterwegs etwas anstellst. Daher solltest du, wenn du allein auf Reisen bist, immer Folgendes dabeihaben: ein Schreiben deiner Eltern, in dem sie deine Reise ausdrücklich erlauben und in dem dein genaues Ziel und die Dauer deiner Reise steht; dazu noch eine Telefonnummer, unter der deine Eltern zu erreichen sind. Unterschrift der Eltern nicht vergessen! Empfehlenswert ist auch eine Fotokopie des Personalausweises deines Vaters oder deiner Mutter. So kann zum Beispiel der Zoll oder die Polizei feststellen, dass die Unterschrift auf der Erlaubniserklärung nicht gefälscht ist. Außerdem solltest du grundsätz-

lich deinen eigenen Ausweis dabeihaben. Normalerweise werden Pass und Personalausweis ab 16 Jahren ausgestellt. Du kannst sie aber auch schon früher beantragen. Das alles gilt für Reisen innerhalb Deutschlands und natürlich für Reisen ins Ausland.

Doch was du in Deutschland als 14-Jährige darfst, kann in anderen Ländern verboten sein. Also informier dich vorher über die gesetzlichen Bestimmungen, die für dein Reiseziel gelten. Infos dazu bekommst du bei der konsularischen Vertretung deines Urlaubslandes in Deutschland.

## STELL DEIN LEBEN AUF DEN KOPF!

Statt dich zu langweiligen, nutz die Möglichkeiten, etwas Neues zu lernen, eine neue Sportart zum Beispiel. Gerade dann, wenn du dir vorgenommen hast, in Zukunft mit mehr Kraft und Zuversicht durchs Leben zu gehen, kann Sport nicht schaden. Es hat sich ja inzwischen herumgesprochen, dass Sport nicht nur die Persönlichkeit stärkt, für eine tolle Ausstrahlung unschlagbar ist, sondern sich auch prima eignet, um aggressive oder depressive Gefühle zu verscheuchen. Egal ob Fußball, Skaten, Tanzen, Joggen oder Work-out in der Muckibude, sportliche Aktivitäten produzieren Lebensfreude in deinem Gehirn. Auch bei Ausdauersportarten wie Schwimmen, Laufen oder Radfahren werden im Körper vermehrt Glückshormone ausgeschüttet, die dir gute Gefühle machen. Aber: Das klappt natürlich nur, wenn dir die gewählte Sportart auch wirklich Spaß macht.

### DU BIST DIE GEBORENE TEAM-PLAYERIN? RAN AN DEN BALL!

Bei Volleyball, Basketball, Handball, Feldhockey oder Fußball zählt das Wir und nicht das Ich. Hier erfährst du, was Teamgeist bedeutet und wie wichtig er ist. Hier lernst du neue Freundinnen kennen, mit denen du dich auch nach dem Training treffen kannst. Netter Nebeneffekt: Als Ballkönigin kannst du Jungen ganz schön imponieren. Zeig ihnen Tricks, die du draufhast.

### TRAUMFIGUR UND KONDITION ERWÜNSCHT? REIN IN DEN RING!

Solltest du glauben, dass Boxen etwas mit Schlägereien zu tun hat oder nur was für harte Jungs ist, irrst du dich gewaltig. Wer diesen Sport macht, verletzt sich statistisch gesehen seltener als Handballerinnen. Beim Boxen trainierst du sämtliche Muskeln des Körpers, verbesserst so nicht nur deine Gesamtkondition, sondern auch deine Figur. Dazu lernst du, blitzschnell zu reagieren, strategisch zu denken und dich besser zu konzentrieren. Außerdem ist Boxen ideal, um Frust und negativen Stress loszuwerden. Was willst du mehr? In Deutschland gibt es fast tausend Boxklubs. Bestimmt gibt es auch einen Klub in deiner Nähe. In diesen Sportstudios werden übrigens oft auch artverwandte Sportarten wie Kickboxen, Tae-Bo oder Aerobic-Boxing angeboten. Vielleicht reizt dich das ja mehr als das klassische Boxtraining. Oft bieten auch Fitnessstudios oder Sportvereine solche Kurse an.

### ANGSTHÄSCHEN? LERN DICH ZU BEHAUPTEN!

Wurdest du schon mal rumgeschubst oder angegriffen und wusstest nicht, wie du dich wehren kannst? Wie wäre es mit einem Selbstbehauptungstraining? Hier lernst du, wie du dich in den verschiedensten Situationen schützen kannst. Du verteidigst dich aber nicht mit Fäusten, sondern mit Gesten, deinem Gesichtsausdruck und deiner Stimme. Du trainierst eine gerade Körperhaltung, einen erhobenen Kopf, einen sicheren Gang und einen festen Blick. Da kommen Selbstvertrauen und selbstbewusstes Auftreten ganz von selbst. Weiterer Vorteil: Wer selbstbewusst rüberkommt, wird auch von den Klassenclowns verschont.

# Kapitel 5

## SCHÖN, SCHÖNER, DU!

# SCHÖN, SCHÖNER, DU!

Ja, du bist schön! Wieso wir das behaupten können, obwohl wir dich doch gar nicht kennen? Ganz einfach, jeder von uns besitzt eine einzigartige Schönheit. Auch du!

## DAS GEWISSE ETWAS

Es ist deine Persönlichkeit, die von innen strahlt und die dir eine positive Ausstrahlung verleiht. Sei es die herzliche Art, mit Menschen umzugehen, Humor, ein warmes Lächeln oder etwas anderes. All diese inneren Werte machen einen Menschen schön und anziehend. Man nennt es auch das *gewisse Etwas*. Aber was ist mit dem Aussehen, der Figur? Das wirst du jetzt zu Recht fragen. Zählen sie nicht, wenn es um die Ausstrahlung geht? Aber klar! Darum findest du hier auch viele Tipps, wie sich deine Wirkung durch eine besondere Optik noch richtig anfeuern lässt.

### ENTDECKER-TIPPS

Auch wenn du es nicht glauben kannst, jeder Mensch hat einen besonderen Zauber in sich, der von anderen sehr wohl wahrgenommen wird. Zum Beweis haben wir zwei heiße Tipps auf Lager, wie du herausfinden kannst, was das bei dir ist:

TIPP EINS: Du nimmst deine beste Freundin beiseite und fragst sie, ob es an dir etwas gibt, was ihr besonders gut gefällt. Wahrscheinlich wird sie erst einmal erstaunt reagieren. Dann zählst du ihr einfach ein paar Eigenschaften auf, um die du sie beneidest. Jetzt wird sie dir deine bereitwillig nennen.

Du wirst überrascht sein, denn es werden garantiert Dinge dabei sein, die du für ganz normal hältst oder vielleicht gar nicht an dir schätzt.

**TIPP ZWEI:** Du erzählst deiner Clique oder deiner Familie, dass du dein Profil ins Internet stellen willst, um neue Leute kennenzulernen. Frag sie, ob sie dir behilflich sein können und dich beschreiben würden. So erfährst du auf geschickte Weise, was ihnen an dir gefällt. Mag dich deine Clique wegen deiner netten und natürlichen Art ganz besonders? Glückwunsch! Ein nettes, natürliches Mädchen ist genau das, was sich 80 % aller Jungen als Freundin wünschen.

## DAS VIER-PUNKTE-PROGRAMM FÜR EINE TOLLE AUSSTRAHLUNG

Die Summe der Signale, die du aussendest, wird als Ausstrahlung bezeichnet. Sie bestimmt, ob dich jemand sympathisch, streng, freundlich, liebenswert oder langweilig und so weiter findet. Dazu gehört auch die Art und Weise, wie du dich bewegst, wie du sprichst oder wie du etwas sagst. Du kannst deine Ausstrahlung aber immer noch verbessern! Zum Beispiel durch:

**EIN GEWINNENDES LÄCHELN** Dieses Lächeln, dem auch Jungen reihenweise erliegen, lässt sich trainieren: Lache dein Spiegelbild an, lass dabei deine Augen strahlen und in ihnen Wärme spiegeln. Sobald du es beherrschst, mach den Test: Lauf mit solch einem Lächeln auf den Lippen durch den Supermarkt, über den Pausenhof oder durch die Stadt. Du wirst erstaunt sein, wie viele Menschen dein Lächeln erwidern oder sich nach dir umdrehen. Dein Motto fortan: Lächle und die Welt lächelt zurück!

**DIE HALTUNG DEINES KÖRPERS** Lässt du die Schultern hängen, deine Arme kraftlos an dir runterbaumeln und machst dabei noch einen krummen Rücken, dann wirkst du spannungslos, im wahrsten Sinne des Wortes unspannend. Also gehst du von nun an aufrecht durchs Leben. Deine Übung dafür: Du stellst dich vor den Spiegel, korrigierst deine Körperhaltung und gehst dann auf und ab – mit erhobenem Kopf, die Schultern gerade, Hüfte und Arme sanft schwingen lassen. Fühlst du, wie du dabei sogar ein paar Zentimeter wächst und deine Haltung jetzt Selbstbewusstsein ausstrahlt? Na bitte!

Anschließend setzt du dich noch mit einem Stuhl vor den Spiegel: den Oberkörper gestreckt, die Beine locker übereinandergeschlagen und die Hände in den Schoß gelegt. Sieht doch gleich viel besser aus, stimmt's?

**EINE KLARE STIMME** Zukünftig achtest du auch darauf, dass du nicht mehr vor dich hin nuschelst, sondern deutlich sprichst. Das macht dich attraktiver. Ein Grund mehr, dir die richtige Körperhaltung anzutrainieren. Denn mit erhobenem Kopf gelingt dir das spielend. Probier es aus.

**GESCHICKTES GESTIKULIEREN** Wer seine Worte mit kleinen Gesten unterstützt, erscheint für andere interessanter. Gestikulieren lässt sich ebenfalls vor dem Spiegel lernen. Keine Sorge, anfangs wirkt das vielleicht steif und hölzern. Mit etwas Übung bekommst du das locker hin.

## KLEINER AUSSTRAHLUNGS-CHECK GEFÄLLIG?

Mach den Schnelltest und finde heraus, wie du auf andere wirkst!

**1.** Wie findest du dein Aussehen gerade?
   a) Na ja, geht einigermaßen.
   b) Im Moment würde ich echt gern anders aussehen.
   c) Ich finde mich gerade ganz gut.

**2.** Wovon hast du in den letzten Nächten geträumt?
   a) Von nichts.
   b) Von einem süßen Jungen.
   c) Ich hatte öfter Albträume. Will gar nicht mehr daran denken.

**3.** Wenn du jetzt shoppen gehen würdest, was würdest du dir am ehesten
   zulegen?
   a) Neue Schminke.
   b) Coole Klamotten.
   c) Lässige Schuhe.

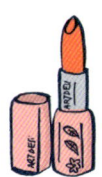

**4.** Was würdest du am liebsten können?
   a) Tauchen.
   b) Fliegen.
   c) Fechten.

**5.** Worauf freust du dich zurzeit am meisten?
   a) Auf meinen Freund.
   b) Aufs Wochenende. Auf Ausspannen und süßes Nichtstun.
   c) Auf alles Mögliche. Auf meine Clique, Shopping, Party machen, auf
      Action eben.

*Du hast meistens a) gewählt:*
Du siehst dich und die Dinge zu unlocker und strahlst das auch aus. Lass dir
von einer Freundin aufzählen, was deine Stärken sind. Das streichelt die
Seele!

*Du hast meistens b) gewählt:*
In deiner Clique fühlst du dich sicher und strahlst das auch aus. Bestens!
Jetzt muss dir das Gleiche auch noch in weniger vertrautem Gefilde gelingen. Mit der *Anlächeln-Übung* (siehe Vier-Punkte-Programm) lässt sich das
trainieren.

*Du hast meistens c) gewählt:*
Du wirkst sehr anziehend auf andere und hättest eigentlich gar keinen
Grund, dich anzuzweifeln. Also trau dich, so zu sein, wie du bist, und alles
ist okay.

### DEIN ZIEL: DICH SELBST ZU MÖGEN!

Wer sich selbst mag, der strahlt das auch aus. Was mit anderen Worten heißt: Wie man auf andere wirkt, hängt entscheidend davon ab, wie man zu sich selbst steht. Das ist ja eigentlich auch gut so. Wäre da bloß nicht diese blöde innere Stimme, die ständig an unserer Selbstachtung kratzt. Mit Sätzen wie: »Was soll an mir schon Besonders sein!«, »So langweilig, wie ich bin, hört mir eh keiner zu!«, »Bei meinem Aussehen habe ich sowieso keine Chance!« Ignoriere sie! Du weißt ja inzwischen, dass du mit deiner Selbsteinschätzung ziemlich verkehrt liegen kannst. Dein Ziel sollte sein, dich selbst zu mögen. Wenn du dich selbst nicht leiden kannst, wie sollen es dann andere tun? Lerne, dich selbst gut zu finden (Kapitel 2) – und andere werden dich auch gut finden. Das ist das uralte Geheimnis von Ausstrahlung.

### WER SICH HÜBSCH FÜHLT, DER IST ES AUCH.

Leichter gesagt als getan, wirst du vermutlich denken. Wer ist schon immer mit seinem Aussehen zufrieden? Stars vielleicht? Von wegen. Selbst die sind es nicht. Weißt du auch, warum? Schuld daran sind unter anderem unsere Hormone, die uns regelmäßig einen Streich spielen und gehörig für Gefühlsschwankungen sorgen. Wie durch eine unsichtbare Brille schaffen sie es, uns mal unser Spiegelbild zu verschönern, nur um es uns am nächsten Tag wieder zu vermiesen. Hinzu kommt das ewige Messen mit anderen oder der unsinnige Wunsch, aussehen zu wollen wie die Topmodels in der Zeitung. Damit ist man total unfair gegen sich selbst. Schließlich war eine ganze Heerschar von Experten (Visagist, Stylist, Friseur) am Werk, um Magazin-Schönheiten den perfekten Look zu verleihen. Und wer weiß, was an den Fotos noch alles bearbeitet wurde. Wir behaupten, jeder von uns würde ebenso toll aussehen, wenn man das mit ihm machen würde. Also weg mit den Vergleichen! Du bist du. Hör auf, mit dir zu hadern und dich anzuzweifeln. Gehe wohlwollend mit dir um. Wer mit sich im Einklang ist und sich gut findet, strahlt das auch aus.

## SPRICH MIT DIR!

Wie wäre es mit einer fröhlichen Begrüßung morgens und einem Lächeln für dein Spiegelbild? Sag ein paar aufmunternde Worte zu dir. Zum Beispiel: »Guten Morgen! Schön, dich zu sehen!« Mach dir ruhig auch ein Kompliment und sprich laut aus, was dir heute an dir besonders gut gefällt. Achtung und Wertschätzung sich selbst gegenüber ist wie ein zartes Pflänzchen. Beides muss gehegt, gepflegt, gedüngt und zwischendurch immer wieder aufgepäppelt werden. Das Faszinierende ist, dass du, selbst wenn du Fröhlichkeit und Zufriedenheit nur simulierst, automatisch besser gelaunt bist, was obendrein zu einer positiveren Ausstrahlung führt.

### ❀ ❀ ❀ LIEBE DICH SELBST!

Warte nicht drauf, dass andere dich loben. Wenn du stolz auf deine neue Frisur oder die neuen Schuhe bist, dann fühle dich schön – auch wenn es keiner ausspricht! ❀ ❀ ❀

## SO FINDEST DU DEINE SCHOKOLADENSEITE.

Statt an deinen Schwachstellen herumzumäkeln, guck dir lieber mal an, welche Stärken du besitzt, und mach dich auf die Suche nach deinen Schokoladenseiten. Hast du nicht hübsche Augen, einen lebhaften Blick, süße Grübchen in den Wangen oder wunderschöne Lippen und tolle Haare? Betrachte dich auch mal nackt. Was magst du alles an deinem Körper? Natürlich musst du nicht jedes deiner Pölsterchen schön finden. Das wäre zu viel verlangt. Es reicht schon, wenn du aufhörst, dich immer nur auf deine Problemzonen zu konzentrieren. Stelle das, was du an Attraktivem bei dir entdeckst, deinen vermeintlichen Fehlern gegenüber. Was ist dein Ergebnis? Kleine Augen, aber lange Beine? Okay. Du lenkst den Blick auf deine Beine und die Augen betonst du einfach mit ein bisschen Make-up.

# STRAHLENDER MITTELPUNKT STATT GRAUEM MÄUSCHEN

Nachdem du eine Menge über deine Ausstrahlung gelesen hast, geht's jetzt um dein äußeres Erscheinungsbild, deine Optik. Mit den richtigen Styling-Tricks und Farbtupfern hast du es nämlich in der Hand, bereits auf den ersten Blick positiv aufzufallen …

**… IN DER SCHULE** Weiße Oberteile, zum Beispiel eine schöne Bluse, sehen zu Jeans richtig cool aus. Damit kannst du auch mal deinen Lehrern imponieren. Die Kombination Weiß und Blau wirkt ernsthaft, konzentriert und frisch. Dieses Outfit, kombiniert mit einem Blazer, passt auch zu jedem Vorstellungsgespräch.

**… BEIM STADTBUMMEL ODER KAFFEEKLATSCH** Ein knalliges Jäckchen drüber, und schon verwandelt sich dein weißes Top in eine supertrendy Kombi. Willst du modisch sein, wählst du die Farbe, die gerade angesagt ist; fühlst du dich stark, dann signalisiere mit einem leuchtenden Rot: Hallo, hier bin ich, jetzt will ich was erleben. Mit so einem Styling guckt dir mehr als ein Junge hinterher!

**… BEI PARTY UND DATE** Glitzernde Shirts und Gürtel lassen dich glänzen, sind ein edler Blickfang und machen jeden Look partytauglich. Glitzer-Ohrringe zu hochgesteckten Haaren lassen deine Augen strahlen.

**… BEI DER FAMILIENFEIER** Eine Schwarz-Rot-Kombi wirkt festlich, selbstbewusst und trendy zugleich. Wer lieber etwas im Hintergrund bleiben will, wählt ein Grau zu Weiß. Mit goldenen oder silbernen Schuhen kannst du deinem Outfit trotzdem eine glamouröse Note geben.

**… IN DER DISCO** Der Dancefloor ist genau der richtige Ort, um deine Schokoladenseite zu zeigen. Du kennst sie ja inzwischen! Also, wer schöne Beine hat, soll sie auch zeigen. Wie wär's dann mit einem Kleid und Pumps dazu? Wenn du keine hochhackigen Schuhe magst, kannst du auch Ballerinas dazu tragen. Das Gleiche gilt für eine schöne Haut, die mit einem dekolletierten Top voll zur Geltung kommt. Welche Farbe hier bei deinem Outfit den Ton angibt, hängt von dir und deiner Stimmung ab: Lady in Black, weiße Unschuld, gelbe Stimmungskanone oder Vamp in Rot? Du hast die Wahl.

## Rot ist frech und Blau brav?
### Alles zum Thema Lieblingsfarben!

Du hast eine Lieblingsfarbe. Diese Farbe zieht dich magisch an. Sie ist dir sympathisch. Du magst sie. Sie gehört zu dir. Hast du schon gemerkt, dass dir alle Dinge in dieser Farbe viel schöner vorkommen und du dich in einem T-Shirt in dieser Farbe viel attraktiver findest?

Farben und Gefühle haben viel miteinander zu tun. Sie beeinflussen uns und unser Umfeld, sie können Ausdruck unserer Persönlichkeit und ein Teil unserer Ausstrahlung sein. Sie können aber auch eine Veränderung in deinem Leben anzeigen. Dann verabschiedest du dich quasi von einer Farbe und wendest dich einer neuen zu. Vielleicht

hast du wie fast alle kleinen Mädchen auch Rosa geliebt. Doch irgendwann mochtest du diese *Babyfarbe* nicht mehr, weil du dich erwachsener fühltest. Interessanterweise verbinden wir bestimmte Farben mit bestimmten Eigenschaften. Könntest du dir Pippi Langstrumpf mit schwarzen Haaren vorstellen? Garantiert nicht!

**Rot** ist eine Signalfarbe. Sie symbolisiert Energie, Herausforderung, Selbstvertrauen, steht für Abenteuer und Kampfgeist. Sie steht aber auch für Aggression, denke an das Sprichwort: Ich sehe rot! Das heißt, ich bin wütend. Im Gegensatz dazu besitzt Rot Anziehungskraft, ist sexy und sinnlich. Nicht umsonst ist es die Farbe der Liebe.

**Schwarz** ist auch eine sehr mächtige Farbe. Sie zeigt Würde und Autorität, denk an Richter oder Pfarrer. Einerseits trauern wir in Schwarz, andererseits ist schwarze Kleidung elegant und festlich. Schwarz kann auch die Farbe der Opposition sein, besonders junge Menschen trugen bzw. tragen sie, um zu signalisieren: Ich bin anders.

**Weiss** vereint physikalisch alle Farben in sich. Weiß ist unschuldig, vergeistigt. Sauberkeit, Licht und Reinheit ist Weiß. Engel haben weiße Flügel und Gewänder, Friedenstauben sind weiß und eine Hochzeit ganz in Weiß ist für viele Mädchen der große Traum.

**Gelb** ist die Farbe der Sonne. Zusammen mit Orangetönen gehört sie zu den warmen Farben. Gelb wirkt anregend und strahlt Fröhlichkeit, Opti-

mismus und Freude aus. In asiatischen Ländern spielen Gelb- und Orange-
töne in der Religion eine große Rolle, denk an die buddhistischen Mönche.
Deshalb gilt Gelb für manche Menschen auch als die Farbe des Geistes und
der Erkenntnis.

**BLAU,** wer denkt da nicht sofort an Bluejeans? Traditionell ist Blau männ-
lich, von der hellblauen Babyausstattung für Jungen bis zu blauen Uni-
formen. Blau wirkt seriös und korrekt. Ein dunkelblaues Kostüm oder
ein Hosenanzug sind aus der Arbeitswelt nicht wegzudenken. Blau lässt
uns aber auch an Wasser, Meer und Himmel denken, also an Frische und
Freizeit. Blau symbolisiert Harmonie und Ruhe und gilt darum auch als
die Farbe der Treue.

**GRÜN:** Gehört wie Blau zu den kalten Farben. Keine Farbe ist so eindeutig mit der Natur verbunden. Grün steht für Gelassenheit und Ruhe. Sie
ist die Farbe der Pflanzen und steht somit für Fruchtbarkeit und Nahrung.
Vielleicht gilt sie auch deshalb als Farbe der Hoffnung.

### DÜNNER IST BESSER? SO EIN QUATSCH!

Du hast ein paar Pfund zu viel oder an der falschen Stelle? Na und! Du
weißt ja, dass es niemanden gibt, der perfekt ist. Damit du dich vielleicht
etwas sicherer fühlst, hier ein paar Tipps:

**VIEL OBERWEITE?** Kein Grund, sich dafür zu schämen. Ganz im Gegenteil.
Wähle Pullis oder Shirts mit V-Ausschnitt, sie verleihen dir ein Dekolleté,
auf das du stolz sein kannst! So ein Ausschnitt lässt deinen Oberkörper und
deinen Hals länger wirken, und du hast dabei sogar noch die Möglichkeit,
verführerisch Haut zu zeigen.

**STARKER PO UND KRÄFTIGE SCHENKEL?** Dann sind dunkle, gerade
geschnittene Jeans genau das Richtige für dich. Sie tragen nicht auf und
machen schlankere Beine. Besitzt die Hose einen Stretch-Anteil, zauberst
du dir einen knackigen Po und toll geformte Beine. Höhere Schuhe
schummeln die Beine optisch länger und strecken die gesamte Figur. Mit
einem nicht zu kurzen Oberteil in deiner Lieblingsfarbe und einer coolen
Kette kannst du die Blicke auf deinen Oberkörper lenken.

**KRÄFTIGE WADEN?** Möchtest du trotzdem kurze Röcke tragen? Warum
nicht, denn schwarze, blickdichte Strumpfhosen sind in diesem Fall super.

Pumps dazu wirken zusätzlich streckend. Möchtest du deine Beine doch lieber ein bisschen verstecken, dann wähle Stiefel. Sie sollten am Schaft nicht zu eng sein, denn sonst erreichst du genau das Gegenteil und die Waden wirken dicker. Sitzen sie locker, dann lassen sie deine Beine gut aussehen. Mit Absatz strecken sie zusätzlich das Bein.

### FASHION-FEHLTRITTE VERMEIDEN!

**Zu kurze Hüfthosen:** Sie lassen beim Bücken den halben Po rausgucken, vor allem, wenn du ein Mini-Top dazu trägst. Das ist wirklich peinlich. Längere Tops sind besser. Trend hin, Trend her, gib dem *Po-Blitzer* lieber keine Chance!

**Kindischer Muster-Mix:** Das Kombinieren von verschieden gemusterten Kleidungsstücken kann schnell kindisch, das heißt ungeschickt oder schrill wirken. Besser, du belässt es bei einem gemusterten Teil. Ausnahme: dezente Streifen. Sie lassen sich problemlos mit anderen Mustern kombinieren.

**Walla-Walla-Kleider:** Lange, weite Kleider sehen selten selbstbewusst oder sexy aus. Dafür solltest du mindestens 1,75 cm groß und sehr schlank sein. Besser, du zeigst Figur, dann kommt auch niemand auf die Idee, dass du etwas verstecken willst.

**Zu enge Röhrenjeans:** Wenn deine Jeans so eng sind, dass sie deine Pölsterchen an Taille und Oberschenkel offenbaren, lassen sie dich nicht nur molliger wirken, als du bist, sondern verraten auch, dass du schlanker sein möchtest, als du bist. Wähle deine Hose besser eine Nummer größer, das zeigt, dass du deinen Körper kennst und zu ihm stehst. Möchtest du etwas schlanker und größer wirken, dann kombiniere deine Jeans mit einem längeren, lässigen Top.

## ACHTUNG, FERTIG – WUNDERSCHÖN!

Nach der Mode geht es mit unseren Schönheitstipps weiter. Lass sie dir nicht entgehen. Sie machen dich im Handumdrehen zur Beauty-Queen!

FRISCHEZAUBER Du bist spät aufgestanden, willst aber trotzdem mit perfektem Teint zur Schule gehen? Dann greif nach dem Waschen zu einer getönten Tagescreme. Die pflegt deine Haut mit genügend Feuchtigkeit und überdeckt kleine Unreinheiten. Sanftes Rouge oder ein Hauch Bronzing-Puder tut ein Weiteres. Lächle dich im Spiegel an und trag den Frischmacher auf die Stellen auf, die besonders hervortreten.

**TRAUM-VOLUMEN** Dein Haarvolumen hat sich verabschiedet? Dann schnell die Haare über Kopf durchschütteln, etwas Haarspray auf die Ansätze sprühen und die Haare zurückwerfen. Schon ist die Löwenmähne wieder da!

**KUSSMUND** Raue Lippen, nein, danke! Besser die Lippen 30 Sekunden mit deiner trockenen Zahnbürste sanft rubbeln, das macht sie glatt und zart. Danach Lippenpflege auftragen. Für vollere Lippen greifst du zu Lippenstift oder Lipgloss mit Volumenbooster, der die Lippen durchblutet und fülliger wirken lässt.

**WUCHT-WIMPERN** Für megadichte Wimpern gibt es einen Trick: Vor dem Tuschen die Wimpern mit etwas losem Puder bestäuben und dann mehrmals tuschen. Du kannst auch statt des Gesichtspuders weiße Basis-Wimperntusche als Grundierung auftragen. Ziehst du mit Kajal oder Eyeliner einen Strich dicht an deinen Wimpern, wirken sie länger und noch voller.

**STRAHLEBLICK** Mit farbigen Kajals bist du im Nu ausgehfertig. Es gibt sie sogar mit Glitzerpartikeln! Harte Stifte eignen sich super zum Ziehen von präzisen Lidstrichlinien. Weiche Minen sind perfekt zum Färben der Innenlider und lassen sich wie Lidschatten verwischen.

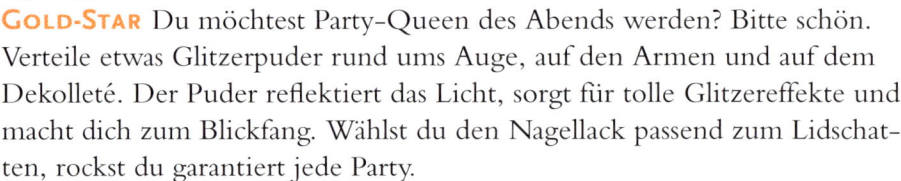

**HAARGLANZ** Mach regelmäßig eine Haarkur. Erst recht, wenn dein Haar getönt ist oder du oft ein Stylinggerät wie Glätteisen oder Lockenstab benutzt.

**GOLD-STAR** Du möchtest Party-Queen des Abends werden? Bitte schön. Verteile etwas Glitzerpuder rund ums Auge, auf den Armen und auf dem Dekolleté. Der Puder reflektiert das Licht, sorgt für tolle Glitzereffekte und macht dich zum Blickfang. Wählst du den Nagellack passend zum Lidschatten, rockst du garantiert jede Party.

**HAARE HOCH** Wie wär's zur Abwechslung mal mit einer Hochsteckfrisur? Das Tolle, sie verändert deinen Typ und lässt dich sogar ein bisschen älter aussehen. Supereinfach und schnell lässt sich ein Ballerina-Dutt stylen. Du kämmst das Haar straff zurück und befestigst es mit einem Haargummi. Dann drehst du den Pferdeschwanz so lange um das Haargummi, bis es nicht mehr geht. Den so gewonnenen Dutt fixierst du mit Haarnadeln. Du kannst das Haar-Styling noch mit allen möglichen Accessoires aufpeppen, zum Beispiel mit Haarklemmchen, Glitzerspangen oder einem Haarreif.

### ❀ ❀ ❀ SCHÖN IN 5 MINUTEN? JEDE WETTE, DAS GEHT!

Soll deine Haut makellos sein? Dann decke alle Unreinheiten ab! Sie sitzen meist rings um die Nase und am Kinn. Verteile dort kleine Make-up-Kleckse und verwische sie mit dem Finger. Das bekommst du locker in einer Minute hin.

Mit losem Transparentpuder und einem dicken Puderpinsel sorgst du im Nu für samtigen Teint. Anschließend streichst du noch ganz leicht rosiges Rouge auf die Wangen. Schminkdauer: jeweils 30 Sekunden.

Für Lidschattierung und einen Kajalstrich benötigst du ebenfalls nur eine Minute. Für einen zweimaligen *Tusch-Gang* musst du mit zweimal 30 Sekunden rechnen. Jetzt hast du noch eine ganze Minute für deine Lippenmalerei. Mit Lipliner ziehst du den Lippenrand nach und trägst Lipgloss auf. Und schon ist dein Ausgeh-Make-up fertig! ❀ ❀ ❀

---

### SCHLANKMACHER-FRISUREN!

**Doppelkinn** – es lässt sich am besten durch einen Stufenschnitt kaschieren. Die Stufung sollte auf Wangenhöhe beginnen und knapp unterm Kinn enden.

**Pausbacken** wirken schlanker durch einen Kurzhaar-Fransenschnitt, dessen Fransen an den Schläfen beginnen und knapp unter den Wangenknochen enden. Wichtig: Fransen ins Gesicht föhnen!

**Rundes Gesicht** – es erscheint mit einem Stufenschnitt schlanker. Das angestufte Haar über die Rundbürste föhnen und das Gesicht sanft damit umspielen.

## ? MEINE ZAHNSPANGE IST DER ECHTE HORROR!

»Ich trage seit Kurzem eine Zahnspange und bin total unglücklich damit. Sie macht mich hässlich. Einen Freund kriege ich damit nie!«

Du glaubst, eine Zahnspange macht ein Mädchen so unattraktiv, dass sie keinen Freund findet? Das stimmt nicht. Jungen finden auch Mädchen mit Zahnspange süß. Die Zähne müssen allerdings gepflegt und die Spange immer sauber sein. Darum mindestens zweimal täglich die Zähne putzen. Immer auch die Innenflächen. Und Bonbons für frischen Atem dabeihaben. Hier noch ein Schminktrick: den Blick auf die Augen lenken. Wenn die Zahnspange metallisch glänzt, sollte es dein Lidschatten nicht tun. Verwende für die Lippen ein farbloses Gloss, das wirkt gepflegt und frisch.

## BEAUTY-PANNEN

**SCHWITZFLECKEN** Schnell mal eben zum Bus gerannt, und schon zeichnet sich unter den Achseln auf deinem Shirt ein fieser Schweißfleck ab? Das muss nicht sein! Damit es erst gar nicht zu Schweißflecken kommt, solltest du zu lang wirksamen Deoprodukten greifen. Sie halten deine Achseln trocken. Zusatz-Tipp: Super zum Auffrischen für unterwegs sind die in kleine Reisegrößen verpackten Deo-Tücher. Hab sie immer griffbereit, dann fühlst du dich sicherer.

**MAKE-UP-RAND** Falsche Make-up-Farbe, zu wenig Licht beim Schminken oder schlecht verteiltes Make-up, und schon ist der Rand da. Darum solltest du dich immer bei hellem Licht schminken, das Make-up passend zu deiner Hautfarbe wählen, es sorgsam ausstreichen und den Übergang zum Hals auf keinen Fall vergessen – so viel Zeit muss einfach sein. Überschüssiges Make-up kannst du mit einem Kosmetiktuch abtupfen.

**VERSCHMIERTE TUSCHE** Rasch noch die Wimpern getuscht und ups!, du bist mit dem Bürstchen abgerutscht und die Wimperntusche sitzt auf deiner Wange. Mit einem angefeuchteten Wattestäbchen bekommst du sie weg. Bei wasserfester Tusche tauchst du das Wattestäbchen einfach in deinen Augen-Make-up-Entferner.

**ZU VIEL ROUGE** Zu dick aufgetragen? Mit etwas Gesichtspuder lässt es sich absoften.

**LIPPENSTIFT AUF DEN ZÄHNEN** Wenn du zu viel Lippenstift oder Gloss aufgetragen hast, droht der Farbalarm auf den Zähnen. Trick: Nach dem Auftragen den Daumen in den Mund stecken und bei geschlossenen Lippen herausziehen. Überschüssiger Lippenstift klebt nun am Finger und nicht an den Zähnen.

**SCHLECHTER ATEM** Nach der Schule einen Döner gegessen, und schon begleitet dich ein aufdringlicher Zwiebelgeruch für den Rest des Tages. Aber wer hat schon immer eine Zahnbürste dabei? Zahnpflege-Kaugummis einstecken. Sie sorgen zwischendurch für frischen Atem und saubere Zähne.

**BLÖDER PICKEL** Am Wochenende steigt die Party und plötzlich ist ein dicker Pickel da? Schnelle Hilfe bringt ein Pickelabdeckstift. Auch wenn es dich in den Fingern juckt, nicht rumdrücken. Sonst entzündet sich der Pickel, schwillt hässlich an und eine Heilung dauert viel länger.

## POWER-STYLINGS – LOOKS, DIE TOTAL PEPPEN!

Lust bekommen, ganz selbstbewusst mit deiner Optik zu spielen? Schön. Wenn du willst, kannst du jetzt noch eins draufsetzen! Wir verraten dir, mit welchen Looks du in Sachen Power so richtig Vollgas geben kannst.

### BLACK IS BEAUTYFUL!

Supercool wirken **schwarze Lederjacken**! Sie signalisieren Stärke und Überlegenheit. Stylst du einen glitzernden oder neonfarbenen Schal dazu, sind sie glamourös, trendy und überhaupt nicht rockermäßig.

Ein **schwarzer Nietengürtel** lässt jede Normalo-Pants heiß aussehen. Sollten schmale Hüften oder eine schlanke Taille deine Stärke sein, dann darf so ein Stück erst recht nicht in deinem Kleiderschrank fehlen.

**Schwarze Cowboyboots** sorgen für einen starken Auftritt. Egal, ob du sie zu klassischen Hosen, deinen Lieblingsjeans oder zu Röcken trägst.

Ein **schwarzer Minirock** ist hot. Findest du deine Beine toll, dann ist er ein Muss. Mutige kombinieren farbige Strumpfhosen oder gemusterte Overknees dazu. Ladylike dagegen wirken blickdichte Stumpfhosen, Ballerinas und ein weißes Top.

**Schwarzer Schmuck** auf schwarzem Top und dunkles Kajal um die

Augen, das powert und wirkt geheimnisvoll. Du kannst mit schwarzen Ketten oder Armreifen aber auch einen starken Kontrast zu Weiß und allen kräftigen Farben erreichen. Ein modischer Knaller.

**Schwarzes Cap** Ein wirklich scharfes Power-Accessoire, egal, ob mit schwarzem Schmuck oder anderen schwarzen Sachen kombiniert.

**Schwarzer Blazer** zu verwaschenen Jeans, das ist super! Auch Stars lieben diese Kombi. Sie gibt der Umwelt ein Rätsel auf: Ist dieses Mädchen nun eher klassisch und streng oder hip und lässig? Lass sie raten. Echt edel wirkt so eine schwarze Jacke, wenn du sie zu Minirock oder Kleid trägst.

❀ ❀ ❀ **Silberschmuck kann richtig »fett« aussehen.** Zum Beispiel dicke Gliederketten oder breite Armreifen aus Silber zu schwarzen Outfits. Wer es weniger provokativ und edler mag, trägt diesen Schmuck zu helleren Sachen und einem nicht zu dunklen Make-up. ❀ ❀ ❀

 **EXTRA-TIPP**

**FASHION FÜR JEDE STIMMUNG**

Du bist verliebt und schwebst auf Wolke sieben? Du hast die schwere Prüfung oder dein erstes Bewerbungsgespräch geschafft? Du bist super drauf und hast Lust, etwas Verrücktes zu tun? Wie wär's mit einem Styling, das deiner übermütigen Stimmung entspricht? Romantisch, fröhlich oder frech. In Secondhandläden kannst du manch tolles Teil dazu ergattern. Zum Beispiel einen Rüschenrock, den du zu einer Bikerjacke kombinieren kannst. Cooles, gemixt mit Verspieltem, sieht supermodisch aus! Ziemlich flippig kommt ein Cowboyhut zum Blümchenkleid. Stylisch sehen alte Jeans mit einem weißen Hemd und einer schwarzen Weste aus. Hip im Hippie-Look. Die farbige Fashion der Flower-Power-Mode ist zu jeder Jahreszeit ein optisches Highlight. Einen grob gestrickten Pulli oder Boots dazu, und dieser Look verleiht dir einen richtig starken Auftritt.

**EYECATCHER ERWÜNSCHT? BITTE SEHR!**

**KAJAL IM BLICK!** Was du unbedingt in deiner Schminksammlung haben solltest, ist **schwarzes Kajal**! Denn nichts zaubert so ausdrucksstarke

Augen wie dieser Stift. Du kannst damit die **Innenlider** schwärzen (das Innenlid lässt sich einfacher bemalen, wenn du es leicht mit dem Finger nach unten ziehst) oder **Katzenaugen** malen. Hier trägst du das Kajal entlang des oberen Wimpernrandes auf und lässt es mit einer kleinen Aufwärtsbewegung am äußeren Augenwinkel auslaufen. Dieser Lidstrich steht jedem und lässt deine Augen raffiniert mandelförmig wirken. Am coolsten sehen **Smokey Eyes** aus, denn die verleihen deinen Augen einen geheimnisvollen Anstrich. Hierfür färbst du das Innenlid und ziehst entlang dem oberen und unteren Wimpernrand einen Lidstrich, den du mit einem Wattestäbchen etwas verwischst.

SCHWARZ UMRANDETE AUGEN sind ein scharfer Party-Look. Hier ziehst du am oberen und unteren Lid einen nicht zu feinen Lidstrich. Am äußeren Augenwinkel lässt du die Malerei mit einem Aufwärtsschwung enden. Die sexy Umrahmung lässt die Augen allerdings kleiner erscheinen.

WUNDER-WIMPERN FÜR HEISSEN FLIRTKONTAKT! Für einen großen Auftritt, zum Beispiel zum Tanzschul-Abschlussball, sind falsche Wimpern der Knaller. Damit kannst du den ganzen Abend einen verführerischen Augenaufschwung hinlegen. Das Aufkleben der Falschen benötigt etwas Übung und du solltest es vorher schon einmal ausprobiert haben. Zuerst tuschst du deine Wimpern. Dann entnimmst du die Fake-Wimpern mithilfe einer Pinzette, trägst auf ihren Rand den Wimpernkleber auf (er ist meistens in der Packung enthalten) und zählst bis zwanzig, damit er kurz antrocknen kann. Jetzt im Spiegel leicht nach unten schauen und die falschen Wimpern dicht am Ansatz deines eigenen Wimpernkranzes platzieren und mit dem Stil der Pinzette leicht andrücken. Zum Schluss ziehst du mit schwarzem Kajal oder flüssigem Eyeliner einen feinen Lidstrich über dem Rand der künstlichen Wimpern. Fertig.

❀ ❀ ❀ **GUT ZU WISSEN!**

Bei sehr stark geschminkten Augen sollten die Lippen nur leicht betont sein. Ein Lippenstift, der deinem natürlichen Lippenrot ähnelt, sieht dazu am schönsten aus. Statt zu schwarzem Kajal kannst du auch mal zu Lila greifen. Damit sehen braune wie blaue Augen super aus. ❀ ❀ ❀

### Schwarze Krallen, frech wie nichts!

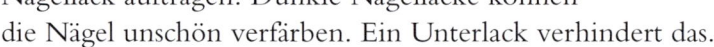

Mit schwarzem Nagellack machst du deine Hände zum provokanten Hingucker. Aber bevor du deine Nägel damit lackierst, solltest du einen farblosen Nagellack auftragen. Dunkle Nagellacke können die Nägel unschön verfärben. Ein Unterlack verhindert das.
Am saubersten lassen sich dunkle Lacke auftragen, wenn du in der Nagelmitte einen breiten Streifen vom Nagelbett zur Nagelspitze ziehst und dann die Seiten auf die gleiche Weise auslackierst. Gepatzt? Kein Problem! Mit einem Nagellack-Korrekturstift lässt sich ein dunkler Patzer sofort wegradieren.

### Knallrote Lippen, Signalwirkung garantiert!

Allerdings müssen hier die Lippen ganz exakt geschminkt werden, sonst wirkt es prollig. Nimm dir dafür lieber etwas mehr Zeit und zeichne deine Lippenkontur zuerst mit einem Lipliner im gleichen Rot nach. Das zaubert dir eine schön geschwungene Lippenform und verhindert, dass die Farbe des Lippenstiftes ausläuft. Anschließend malst du die Lippen mit deinem Lippenstift aus. Trägst du den Lippenstift mit dem Lippenpinsel auf, lässt sich die Farbe bis zur konturierten Linie noch exakter und gleichmäßiger verteilen.

### Soll ich mich älter schminken?

»Meine Freundin kommt in jede Disco rein. Ich nicht, weil die Türsteher daran zweifeln, dass ich schon 16 bin. Was kann ich tun? Welches Make-up lässt mich älter aussehen?«

Besser nicht übertreiben! Ist ein Mädchen zu extrem oder stark geschminkt, erreicht sie nur das Gegenteil. Der Türsteher denkt, das macht sie nur, um älter zu wirken. Und das wirkt wie? Genau, extrem jung! Manche Mädchen fangen an der Tür vor lauter Nervosität auch an zu gackern oder benehmen sich kindisch. Dann ist für den Türsteher meist auch klar, dass sie nicht alt genug für die Disco sind.

## WOW!-HAARE

Aufregendes Hairstyling oder flippig-farbige Mähne erwünscht? Na, dann such dir hier was aus!

### ROCK-TOLLE IST DIE SHOW!

Die Rock-'n'-Roll-Frisur der Sechziger ist ein supercooler Blickfang. Sängerin Amy Winehouse sorgte damit für Furore. Hast du Lust, es ihr nachzumachen? Mit einem Stielkamm den gesamten Oberkopfbereich toupieren. Vorher etwas Stylingspray am Oberkopf verteilen, das macht die Haare griffiger und die Frisur hält besser. Die toupierten Strähnen nach hinten legen und zur Tolle formen, dann mit Klammern feststecken. Die restlichen Haare zu einem hohen Pferdeschwanz binden, fertig.

### ❀ ❀ ❀ TOUPIEREN GEHT GANZ LEICHT!

Du nimmst deine Haare Strähne für Strähne nach oben und schiebst das Haar mit einem feinzinkigen Kamm oder einer engborstigen Bürste in Richtung Kopfhaut an. Du kannst das Ganze mehrmals wiederholen, bis der gewünschte Effekt eingetreten ist. Jetzt nebelst du die toupierten Strähnen mit Haarspray ein. Dann stylst du die Strähnen nach hinten und glättest zuletzt mit dem Kamm sanft die obersten Deckhaare. ❀ ❀ ❀

### 1, 2, 3 – freche Färberei!

Lust, dir mit einer coolen Haarfarbe mehr Power zu verleihen und in eine Rolle zu schlüpfen? Wie wär's mit …

**… schwarzer Mähne?** Bei südländischem Teint signalisiert sie Leidenschaft und Temperament. Bei heller Haut lässt sie dich geheimnisvoll wirken, macht dann aber blass. Drum schmink dir mit Rouge rosigere Wangen. Wichtig: Schwarze Mähnen müssen glänzen, sonst wirken sie künstlich. Regelmäßige Kuren sind also Pflicht.

**… feuerroter Haarpracht?** Rotschöpfe fallen auf und kommen besonders frech rüber. Auf Jungen wirkt eine rote Mähne anziehend und immer ein bisschen geheimnisvoll. Auch bei Rot gilt, es kann dich blass aussehen lassen. Also mit Rouge für gesunde Frische sorgen!

**… Schoko-Haaren?** Girls mit kakaobrauner Mähne sind zum Anbeißen,

97

das finden auch Jungen. Weil sie unkompliziert und gar nicht zickig auf sie wirken, fällt es ihnen leicht, sie anzusprechen. Braunhaarigen Mädchen stehen alle Braun- und Erdtöne super. Für den abendlichen Glamour-Look ist goldener Lidschatten super.

**... BLONDER ENGELSMÄHNE?** Willst du komplett aus der Reihe tanzen? Weißblond plus ein cooler Kurzhaarschnitt, damit bist du nicht zu übersehen! Beim Schminken gilt: Weniger ist mehr. Zu viel Make-up lässt einen schnell billig wirken. Und: Blondierungen sind Stress fürs Haar. Damit es strahlt und nicht stumpf aussieht, musst du es mit sanftem Shampoo, Pflegespülung und regelmäßiger Aufbaupflege verwöhnen.

### COLOR-STRÄHNEN? EIN KLICK UND DU HAST SIE!

Weiß, schwarz, lila, rot und pink, noch flippiger wirkt deine Frisur mit Kunsthaarsträhnen. Da musst du gar nicht in den Farbtopf greifen. Du scheitelst das Deckhaar am Oberkopf ab, schiebst die Strähnen entsprechend der Anleitung ein und knipst sie mit leichtem Druck fest. Damit die Kämmchen beim Einclipsen gut halten, vorab den Haaransatz toupieren. Willst du deine Haarpracht durch die Fake-Strähnen länger erscheinen lassen, musst du die Extension tiefer einsetzen. Am besten ziehst du einen waagrechten Scheitel von Ohr zu Ohr und klipst dort das Haarteil ein. Zuletzt fährst du mit den Fingern sanft durchs Haar, die Kunststrähnen verbinden sich so mit deinen echten Haaren. Übrigens: Wenn du mit deinen Kunsthaarsträhnen pfleglich umgehst, sie vor dem Schlafengehen herausnimmst und sie mit speziellem Shampoo wäschst, halten sie jahrelang.

### TATTOO! WARUM NICHT FAKEN?

Ob als Ornament oder Schriftzug, Körperbemalung ist *in* und an jedem Platz des Körpers ein absolut starker Eyecatcher. Eines gilt es aber zu bedenken: Echte Tattoos sind eine Entscheidung fürs Leben. Darum solltest du dir das vorher sehr gut überlegen! Nicht weniger attraktiv sehen die neuen Fake-Tattoos aus, die mittlerweile auch sehr gut halten.

Manche sogar über Tage. Unser Tipp also, bevor es ans Stechen geht: Erst einmal ein Fake-Tattoo ausprobieren!

## TEURES LABEL, MEHR IMAGE?

»In meiner Klasse herrscht der Label-Wahn. Wer akzeptiert sein will, muss mitmachen. Aber ich habe nicht genug Geld und kann mir keine teuren Sachen leisten.«

Sich einem Modediktat anpassen? Du kannst dir vorstellen, was wir sagen. Nein! Klar ist es verführerisch, tolle Klamotten zu haben. Aber die gibt es auch ohne überteuertes Label. Es ist eine traurige Wahrheit, dass sich junge Leute immer häufiger verschulden, um mit Markenklamotten ihr Image aufzupolieren. Kein Mensch kann sich Selbstbewusstsein kaufen. Das geht anders, wie du inzwischen weißt. Deshalb überlege gut, wofür du dein Geld ausgibst. Ein fantasievolles Outfit aus dem Secondhandladen kann eine viel individuellere und positivere Ausstrahlung haben als die Dutzendware aus den Designer-Boutiquen.

## TOLLER BODY GEFÄLLIG? HOL IHN DIR!

Du träumst von Bikinibauch, Knackpo, schönem Dekolleté, straffen Armen und festen Beinen? So eine Figur bekommt man nicht von selbst! Dafür musst du schon etwas mehr tun. Durchhaltevermögen gehört vor allem dazu, denn der Erfolg stellt sich erst mit regelmäßigem Training ein. Lust, es auszuprobieren? Hier ein paar Übungen zum Nachmachen.

**DEKOLLETÉ DE LUXE** Gerade hinstellen und die Beine grätschen. Die Arme waagrecht halten und vor der Brust einen Ball (zum Beispiel einen Tennisball) zwischen beiden Händen halten. Mit den Handinnenflächen dann den Ball fest zusammendrücken. Das Ganze 50-mal wiederholen. Machst du den Push-up-Hit täglich fünf Minuten, wird der Erfolg bald sichtbar.

**PERFEKTE ARME** Die ausgestreckten Arme auf Schulterhöhe halten und in kleinen Kreisen bewegen. Eine Minute im und eine Minute gegen den Uhrzeigersinn drehen. Danach auf die Handflächen zwei gleich schwere

Bücher legen. Die Arme ausstrecken, langsam vor- und zurückschwingen. Am Anfang dreimal eine Minute täglich. Dann nach und nach steigern. Mach's nach. Deine Arme können sich bald in sexy Tops sehen lassen.

**KNACKPO** Auf den Rücken legen und die Knie anwinkeln. Arme seitlich flach auf den Boden legen. Dann die Hüften anheben, so hoch wie möglich und so lange wie möglich halten. Pobacken dabei anspannen. Langsam zurück-gehen, knapp vor dem Boden

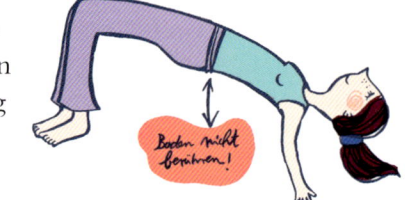

Boden nicht berühren!

stoppen und von vorn beginnen. Die Übung 12-mal wiederholen. Mach die Übung mindestens jeden zweiten Tag!

**FLACHER BAUCH** Mit geradem Rücken hinsetzen und mit dem Po ans vordere Ende des Stuhls rutschen. Mit den Händen die Stuhlecken fest-

halten. Jetzt die Knie zur Brust ziehen, ohne dabei wacklig zu werden. Die Bewegung muss allein aus dem Bauch kommen. Mach täglich zweimal diese Sets mit je 15 Wiederholungen.

**TRAUMBEINE** Wenn du täglich 30 Minuten joggst, hältst du deine Beine schlank und durchtrainiert. Bist du untrainiert, steig so ein: Eine Minute laufen, eine Minute gehen und wieder eine Minute laufen. Fünf- bis zehn-minütiges Jogging schaffst du so lässig. Das Training jeden Tag um eine Minute erweitern.

## SPEISEZETTEL FÜR FIGURBEWUSSTE

Du hast ein paar Pfunde zu viel drauf? Sie nerven dich und du möchtest sie endlich wegbekommen? Glaub uns, das lässt sich nur mit einer Kombination aus Sport und dem bewussten Essen von gesunden Nahrungsmitteln erreichen. Darum: Finger weg von Fast Food und Fertigprodukten. Sie sind wahre Kalorienbomben. Stattdessen solltest du viel frisches Gemüse und Obst essen. Das sorgt für eine gute Figur, nebenbei aber auch noch für hübsche Haut und eine gute Gesichtsfarbe. Alkohol und Zigaretten bewirken übrigens genau das Gegenteil. Eine vernünftige und ausgewogene Ernährung bringt auf Dauer mehr, schützt vor dem unliebsamem Jo-Jo-Effekt und lässt überflüssige Pfunde auf gesunde Weise purzeln. Diäten bringen nichts und schaden nur. Außerdem kann man dadurch allzu leicht in eine Essstörung rutschen. Magersucht oder Bulimie können die Folge sein.

**WUSSTEST DU,** dass Limonaden und Softdrinks echte Dickmacher sind? Als Durstlöscher besser zu Mineralwasser greifen.

**KLEINER TRICK:** Bei Heißhungerattacken die Zähne putzen. Der frische Geschmack schützt vor Lust auf Süßigkeiten. Im Übrigen gilt: Wer regelmäßig isst, der bekommt auch weniger Heißhunger. Und je langsamer man isst, desto eher verspürt man ein Sättigungsgefühl und isst nicht über seinen Appetit hinaus.

**WEITERE TIPPS GEFÄLLIG?** In unserem Ratgeber »Iss dich schön!« findest du die besten Rezepte für eine gute Figur.

# Kapitel 6

## MACH DICH SUPERBELIEBT!

# MACH DICH SUPERBELIEBT!

Sympathie auf den ersten Blick? Klar, die gibt es! Schon nach kurzem Ansehen wissen wir, ob uns ein Mensch sympathisch ist oder nicht. Mitunter versagt unsere Menschenkenntnis jedoch, und jemand, der uns anfänglich total unsympathisch war, entpuppt sich als richtig guter Typ. Okay, dann ändern wir unsere Meinung eben. Das Gleiche trifft auf unsere Beliebtheit zu. Wer nicht vom ersten Augenblick an beliebt ist, hat immer die Chance, es zu werden. Wie das geht, wollen wir dir hier zeigen.

❄ ❄ ❄ Dass wir uns so rasch ein Urteil über andere bilden, stammt noch aus der Urzeit. Damals hatten die Menschen viele direkte Feinde. Es war überlebenswichtig, sofort entscheiden zu können, wer gefährlich für einen war und wer nicht. Je schneller man reagierte, umso schneller konnte man sich in Sicherheit bringen. Dieser Mechanismus unseres Gehirns hat sich bis heute erhalten. ❄ ❄ ❄

## BELIEBT SEIN, DAS LÄSST SICH LERNEN!

Oh ja, es gibt sie. Mädchen, mit denen jeder befreundet sein will und die jeder mag. Sie haben viele Freunde, werden zu jeder Party eingeladen und stehen überall im Mittelpunkt. Dabei sind sie oft weder besonders schön noch witzig oder intelligent. Sie haben es einfach drauf. Wie machen die das nur? Was haben uns diese Superbeliebten voraus? Ist Beliebtheit am Ende doch angeboren? Nein, sie ist einfach nur erlernt!
Diese Mädchen wuchsen meist in einem Umfeld auf, in dem es ein aufmerksames, respektierendes, freies und liebevolles Miteinander gab. Ohne

Angst oder Druck. So konnten sie von Kindheit an eine Menge positiver Verhaltensweisen lernen, übernehmen und wenden sie ganz automatisch an. Keine Sorge, das lässt sich nachholen.

Diejenigen, die nicht so viel Glück hatten, können lernen, was sie als Kinder versäumt haben. Das Tolle ist ja, dass sich unsere Speicher im Gehirn ein Leben lang mit neuen *Inputs* füllen lassen. Also auch mit dem, was unsere Beliebtheit ausmacht. Nämlich die Art und Weise, wie wir uns anderen gegenüber benehmen, wie wir auf sie zugehen, welche Signale wir aussenden, ob wir tolerant sind, offen für Neues, interessiert am anderen, all das und noch viel mehr können wir uns antrainieren.

**Kleines Beliebtheitstraining: Komplimente austeilen und einheimsen!** Wie das geht? Ganz einfach, indem du anderen Komplimente machst! Wenn du jemandem sagst: »Ich mag deine sympathische Art«, kommt ganz häufig Folgendes zurück: »Danke, du bist aber auch total nett!« Wertvolle Punkte für unsere Beliebtheitsskala!

**Augenkontakt bringt's!** Menschen, die anderen in die Augen sehen, wirken auf Anhieb sympathischer und freundlicher als diejenigen, die Blicken ausweichen. Das konntest du ja schon im vorigen Kapitel lesen.

**Fester Händedruck wirkt Wunder!** Jemandem lasch die Hand geben – das solltest du nicht tun, damit kannst du nur verlieren. Besser: Dem anderen einmal kurz und fest die Hand gedrückt, und schon bist du auf der Gewinnerseite.

**Höflichkeit siegt!** Bedanke dich. Bei einem Bewerbungsgespräch, zum Beispiel, oder bei einem Lehrer, für die Chance, dich vorstellen oder vorsprechen zu können. Lass anderen auch mal den Vortritt oder sei ihnen behilflich.

**Freundschaften pflegen** Eine Freundschaft muss gehegt werden, damit sie wächst. Anderen einmal ein minikleines Geschenk machen, sie auf einen Tee einladen oder mit selbst gebackenen Keksen überraschen. Auch wenn deine Gedanken um einen bestimmten Jungen kreisen, gib deinen Freundeskreis nicht auf und verbringe auch weiterhin Tage zusammen mit deiner besten Freundin. Statt darauf zu warten, dass deine Freunde auf dich zukommen, mach es andersherum.

**Zuhören** Zeige echtes Interesse am anderen. Versuche, dich in seine Situation hineinzuversetzen, um ihn auch wirklich zu verstehen. Lass dein Gegenüber ausreden, und wenn du etwas nicht verstehst, dann frag nach. Das zeigt, dass du ihn ernst nimmst und er dir wichtig ist. Mit so einem Verhalten machst du dich nicht nur beliebt, sondern bekommst auch Vertrauen geschenkt.

**Andere imitieren** Sitzt jemand mit offenen Armen und überkreuzten Beinen da, tust du das auch. Du wirst es nicht glauben, aber das zieht und macht dich bei ihm unterbewusst beliebt.

### SCHON GEWUSST?

#### HUND, KATZE, MAUS – DEIN LIEBLINGSTIER SAGT VIEL ÜBER DICH AUS!

Stell dir vor, du könntest dir ganz spontan ein Haustier aussuchen, welches hättest du gerne? Hund, Katze oder Maus? Dein Lieblingstier, für das du dich entscheidest, sagt viel über dich und dein Freundschaftsverhalten aus. Wenn du dir einen **Hund** wünschst, bist du selbst eine treue Seele und besitzt ein gutes Gespür für deine Mitmenschen. Du bist ein geselliger, aufmerksamer und neugieriger Mensch. Am liebsten hast du immer ein Rudel von Freunden um dich herum, auf das du dich voll verlassen kannst und die hinter dir stehen. Hundeliebhaberinnen leiden mehr als alle anderen, wenn sie von einem Freund enttäuscht werden.

Du bist ein **Katzen-Fan**? Dann bist du ein Mädchen, das auch allein prima klarkommt. Du hast deinen eigenen Kopf und *schnurrst* nur, wenn dir auch wirklich danach ist. Versucht dich jemand einzuengen, fährst du schnell deine Krallen aus. Du brauchst auch keine Riesenclique, sondern nur ein paar gute Freunde, mit denen du durch die Gegend streifen kannst.

Du hast dich für eine kleine **Maus** entschieden? Nach außen magst du vielleicht ein wenig schüchtern erscheinen, dem ist aber gar nicht so. Du bist zwar sensibel, aber auch clever, witzig und vor allem sehr abenteuerlustig. Es gibt fast nichts, wofür du nicht einen Ausweg wüsstest, und weil du eine gute Zuhörerin bist, mögen dich deine Freunde ganz besonders.

# EVERYBODY'S DARLING? WIE LANGWEILIG!

Du kennst sie, die sogenannten It-Girls. Sie scheinen ja sehr beliebt zu sein, denn sonst wären sie nicht überall dabei. Kein Event, keine angesagte Party ohne sie. Keine Frage, sie sind *in*. Aber ist *In*-Sein dasselbe wie beliebt sein? Wir denken, da gibt es einen Unterschied: Menschen, die *in* sind, sind es vor allem deshalb, weil sie jede Mode und jeden Trend mitmachen. Egal ob eine Sportart, bestimmte Klamotten, Musik oder die Art, sich zu geben. Ihre Sprache, ihr ganzes Aussehen ist davon bestimmt, hip zu sein. Sie informieren sich genau, was angesagt und was ein No-Go ist. Wie oberflächlich und wie anstrengend! Solche Menschen leben an ihren wahren Bedürfnissen und Wünschen vorbei, ihr Selbstbewusstsein speist sich aus dem Applaus der anderen. Was ist aber, wenn der ausbleibt?

*In* sein wollen der Beliebtheit wegen ist gefährlich. Es macht abhängig, man wird austauschbar und sicher nicht glücklich. Was ist so toll daran, als *wandelnder Videoclip* durchs Leben zu gehen? So ein Verhalten macht nicht sympathisch, sondern ist eher traurig, weil der Mensch, der hinter all dem *In*-Gehabe steckt, verborgen bleibt. Die Sehnsucht, beliebt oder gar geliebt zu werden, kann so sicher nicht gestillt werden. Eines kann man von den It-Girls lernen, beim Erlernen ihrer Rolle waren sie fleißig, aber das ist auch alles.

## BELIEBTHEITS-NIETE? NIE WIEDER!

Wenn du schon einmal als unsympathisch und unbeliebt hingestellt wurdest, dann weißt du ja, wie weh das tun kann. Keiner will was von dir, keiner will mit dir befreundet sein. Schrecklich. Den Grund suchst du natürlich bei dir und fragst dich: »Was stimmt nicht mit mir? Warum mache ich alles falsch?«

Du beginnst an dir zu zweifeln, hältst dich für gänzlich unattraktiv, dumm und peinlich – eine Niete eben. Stopp, Grübeln macht die Situation nur schlimmer und bringt dich nicht weiter. Jetzt hilft es, einen klaren Kopf zu bewahren, und stell dir doch mal folgende Frage: Wer sind die Menschen, die mich als Niete hinstellen? Will ich von denen wirklich gemocht werden? Gefällt mir überhaupt, was sie tun? Würde ich mich an ihrer Stelle auch so verhalten? Was macht sie so interessant für mich? Was würde sich für mich eigentlich verändern, wenn ich zu ihnen gehören würde?

Diese Fragen beantwortest du am besten schriftlich. Vielleicht stellst du fest, dass du diese Typen gar nicht so toll findest, ziemlich ätzend sogar, und dass ihre Art so gar nicht zu deiner passt – dann könnte dies der Grund sein, warum du von ihnen als *Niete* abgestempelt wirst. Die Gruppe spürt, dass du sie eigentlich nicht magst, dass du sie unsympathisch findest und sie sogar anzweifelst in dem, was sie tun und wie sie sich verhalten. Du wolltest einfach nur dabei sein, ohne sie wirklich zu mögen. Das haben sie gemerkt, auch wenn dir das gar nicht bewusst wurde. Sie lehnen dich ab, genauso wie du sie. Sympathie beruht auf Gegenseitigkeit. Kehre ihnen den Rücken, denn sie passen nicht zu dir. Sei froh, dass du das erkannt hast, und mach dich auf die Suche nach Menschen, mit denen du mehr gemeinsam hast.

Solltest du aber zu dem Schluss kommen, dass sie echt nett sind, Typen, mit denen du gerne befreundet sein möchtest, weil sie das machen, was dir gefällt. Dass sie dich eigentlich nie wirklich abgelehnt haben, sondern dich nur nie wahrgenommen haben. Dass du dir nur eingebildet hast, dass sie dich nicht mögen. Wenn das so ist, dann geh auf jemanden aus dieser Gruppe zu. Am besten auf die Person, die dir besonders sympathisch ist. Jetzt sind eine Charme-Offensive und ein wenig Mut gefragt. Frage sie, ob für dich noch ein Platz in ihrer Gruppe frei ist. Wenn es wirklich so nette Leute sind, wie du glaubst, werden sie dich einladen, mit ihnen etwas zu unternehmen. Wenn nicht, dann hast du dich in ihnen getäuscht. Das heißt aber nicht, dass du eine Beliebtheits-Niete bist, sondern dass ihr einfach nicht dieselbe Wellenlänge besitzt.

## SPIEL VORREITERIN STATT AUSSENSEITERIN!

Wer anders ist als die Mehrheit, wird oft belächelt. Mädchen, die anders denken, fantasievoller, besonders wissbegierig oder engagiert sind, ungewöhnliche Hobbys oder Interessen haben, werden oft als Außenseiterinnen abgestempelt, weil sie nicht mit dem Strom schwimmen. Du auch? Lass dich nicht beirren und geh konsequent deinen Weg. Nicht selten werden Außenseiterinnen zu Vorreiterinnen und zu Vorbildern, denen man nacheifert. Sie haben etwas Neues entwickelt oder einen Trend in Gang gebracht, sei es in der Mode oder in gesellschaftlichen und politischen Dingen. Oder es sind künstlerische Gedanken, mit denen sie ein Stück die Welt verändern. Wir möchten dir einige Beispiele nennen, wo Frauen zu Vorreiterinnen wurden, die durch ihre Ideen und ihre ganz persönliche, unangepasste Meinung starke Veränderungen in unserer Gesellschaft hervorriefen.

## POWERFRAUEN!

Diese Frauen, die sich nicht unterkriegen ließen, für ihre Ziele kämpften, sich durch nichts und niemand beeinflussen ließen, lohnt es zu kennen.

### COCO CHANEL
### DIE ERFINDERIN DER HOSE FÜR DIE FRAU!

Die französische Modeschöpferin wurde zur wichtigsten Figur in der Modegeschichte des 20. Jahrhunderts. Sie wurde 1883 als uneheliches Kind eines Straßenhändlers geboren, kam mit 11 Jahren in ein Waisenhaus und lernte dort das Nähen. Mit 16 ging sie nach Paris. Tagsüber arbeitete sie in einem Modehaus und nachts als Sängerin in Nachtklubs.

Ihr Traum, sich selbstständig zu machen, wurde wahr. Mithilfe des Kredits eines Liebhabers eröffnete sie 1911 in Paris ihr erstes Modehaus. Drei Jahre später beschäftigte sie bereits 300 Näherinnen. Coco Chanel kreierte einen völlig neuen Modestil. Die Mode, in die Frauen von damals *gequetscht* wurden, fand sie barbarisch. Also befreite sie die Frauen, indem sie das Korsett abschaffte, was revolutionär war. Sie entwarf bequeme, schlichte Kleider, in denen man sich bewegen konnte und genügend Luft bekam. Sie schnitt die Röcke kurz unterm Knie ab und erfand die Hose für die Frau, beides war skandalös. Sie erfand das *kleine Schwarze* und auch den

Modeschmuck. Von nun an war es nicht nur wohlhabenden Frauen möglich, sich zu schmücken. Noch heute ist das Chanel-Kostüm bekannt in der
ganzen Welt.

## ASTRID LINDGREN
### DIE BERÜHMTESTE KINDERBUCHAUTORIN DER WELT!

Sie wurde 1907 in Schweden geboren und wuchs auf dem Land auf. Diese
Umgebung wurde später Vorlage für die Kinder von Bullerbü. Als Kind
einfacher Bauern war für sie die Schulzeit nach drei Jahren zu Ende. Doch
mithilfe der Eltern ihrer Freundin konnte sie es durchsetzen, eine weiter-
führende Schule zu besuchen. Sie war fleißig, sehr neugierig und lernte
mehrere Sprachen. Mit 16 Jahren nahm sie das Angebot einer Lokalzeitung
an und arbeitete als Journalistin. Mit 18 Jahren wurde sie schwanger, lehnte
es aber ab, den Vater ihres Kindes zu heiraten. Astrid zog nach Stockholm,
ließ sich als Sekretärin ausbilden und arbeitete sehr hart, um sich und das
Kind durchzubringen. Erst im Alter von 30 Jahren, nachdem sie bereits mit
einem anderen Mann verheiratet war und ein zweites Kind bekommen
hatte, fing sie an zu schreiben. Ihr erstes Buch, das sie für ihre kranke
Tochter Karin schrieb, war *Pippi Langstrumpf*. Sie schickte es an einen
Verlag, doch es wurde abgelehnt. Pippi, die Seemannstochter, war dem
Verleger viel zu frech und eigensinnig. Als Astrid einen Preis für eine
andere Geschichte bekam, klappte es dann doch noch. *Pippi* wurde eines
der bekanntesten Kinderbücher der Welt. Es
folgten noch viele Bücher, in denen sich Astrid
Lindgren immer wieder für die Rechte der
Kinder einsetzte. Sie erreichte ihr Ziel, dass die
Träume, Gedanken und Ängste der Kinder
ernster genommen wurden, und bekam unzäh-
lige Preise dafür. Sie kämpfte gegen Gewalt in
der Erziehung und für mehr Gerechtigkeit. Sie
mischte sich auch immer wieder in die Politik
ihres Landes ein. Sie war in jeder Hinsicht
unangepasst, sagte und schrieb, was sie dachte
und fühlte. Das brachte ihr Anerkennung und

Wohlstand ein. Einen großen Teil verschenkte sie an die, denen es nicht so gut ging – wie ihr einstmals.

## ALICE SCHWARZER
### DIE KÄMPFERISCHSTE FRAUENRECHTLERIN DEUTSCHLANDS!

Sie wurde 1942 in Wuppertal als uneheliches Kind geboren und wuchs bei ihren Großeltern auf. Alice Schwarzer besuchte nach der Volksschule die Handelsschule, arbeitete als Sekretärin, ging nach Paris, studierte dort Sprachen, Psychologie und Soziologie. Danach kehrte sie zurück nach Deutschland, arbeitete als Journalistin und begann, sich für die Frauen-bewegung einzusetzen. 1971 erregte Schwarzer erstmals Aufsehen mit ihrer Aktion *Frauen gegen den § 218*, insbesondere mit dem öffentlichen Bekennt-nis von 374 Frauen »Wir haben abgetrieben!«, was damals noch unter Strafe stand. Sie und viele andere Frauen kämpften um das Recht auf Abtreibung. 1995 war es dann so weit, das Bundesverfassungsgericht gab die sogenannte Fristenlösung frei. 1977 gründete Alice Schwarzer das Magazin *Emma*, eine Zeitschrift von Frauen für Frauen, die wegen ihrer feministischen Position umstritten war und ist. Die Gleichberechtigung von Mann und Frau ist bis heute ihr erklärtes Anliegen. Die heutigen Frauen haben Alice Schwarzer und ihren Mitstreiterinnen einiges zu verdanken. Vieles von dem, was heute als selbstverständlich gilt, hatten sie vor Jahren hart erkämpft. Zum Beispiel auch das Gesetz, dass verheiratete Frauen ihren Ehemann nicht mehr um Genehmigung bitten müssen, wenn sie eine Erwerbstätigkeit aufnehmen wollen, wie es bis 1976 der Fall gewesen war.

## CHRISTIANE NÜSSLEIN-VOLHARD
### DIE DEUTSCHE NOBELPREISTRÄGERIN FÜR MEDIZIN!

Sie ist sicher den wenigsten bekannt, aber wir wollen sie dennoch vor-stellen, weil sie zu den wenigen Naturwissenschaftlerinnen gehört, die einen Nobelpreis bekommen haben.
Christiane Nüsslein-Volhard wurde 1942 als zweites von fünf Kindern geboren. Schon mit 12 Jahren wusste sie, dass sie Biologin werden wollte. Ihr großes Vorbild war Konrad Lorenz, der berühmte Verhaltensforscher,

der dir vielleicht als *Vater der Graugänse* bekannt ist. Zur Abiturfeier hielt sie deshalb ein Referat über die Sprache der Tiere. Sie studierte dann auch Biologie, wechselte jedoch ihr Studienfach, machte 1968 ihr Diplom in Biochemie und ging als wissenschaftliche Mitarbeiterin ans Max-Planck-Institut in Tübingen in die Virusforschung. Hier machte sie ihren Doktor im Fach Genetik. Nach mehreren Stationen im In- und Ausland wurde sie dann dort Direktorin für Entwicklungsbiologie.

1995 erhielt sie den Nobelpreis für Medizin zusammen mit ihren früheren Lehrern Eric F. Wieschaus und Edward B. Lewis. Die Wissenschaftler fanden heraus, durch welche Gen-Eigenschaften die Entwicklung eines Embryos im Ei gesteuert wird, und haben ein System erfunden, das erklärt, wie diese Eigenschaften den Bauplan eines Körpers steuern – zunächst bezogen auf Insekten und später auf Wirbeltiere.

1998 gründete sie mit Kollegen eine Pharmafirma und 2004 eine Stiftung, die jungen begabten Wissenschaftlerinnen durch finanzielle Zuschüsse die Betreuung ihrer Kinder erleichtern soll, um mehr Zeit für die Forschung zu haben.

Es ist bemerkenswert, dass seit 1901 nur 13 Wissenschaftlerinnen mit dem Nobelpreis geehrt wurden, dafür aber 515 Wissenschaftler. Überhaupt waren es insgesamt nur 36 Frauen gegenüber 693 Männern, die ausgezeichnet wurden. Wir denken, da gibt es in Zukunft einiges für das weibliche Geschlecht zu tun!

## MADONNA
### DIE ERFOLGREICHSTE POPSÄNGERIN DER WELT!

Sie wurde 1958 in Michigan, USA, geboren. Ihre Mutter starb, als sie fünf Jahre alt war. Nach der Highschool begann Madonna eine Tanzausbildung an der University of Michigan, brach sie jedoch ab. Stattdessen zog sie nach New York und verließ am Times Square ein Taxi mit 30 Dollar im Gepäck. Die erste Zeit hielt sie sich mit Gelegenheitsjobs über Wasser. Sie arbeitete als Kellnerin und verkaufte Donuts. Von Kindheit an lehnte sich die

Sängerin gegen den autoritären Erziehungsstil auf, den sie sowohl in ihrer Familie als auch in katholischen Schulen und zeitweise in einer Klosterschule erlebte. Später war diese Revolte Stoff für zahlreiche Songs und Videos. Dadurch geriet sie immer wieder in Konflikt mit der Kirche und anderen staatlichen Ordnungshütern. Doch Madonna sang, was sie wollte, und ließ sich weder auf der Bühne noch in ihren Videos etwas vorschreiben. Kein weiblicher Star hat die Popkultur des 20. Jahrhunderts so stark geprägt wie sie, und keine Sängerin hat so viele CDs verkauft wie Madonna, nämlich 300 Millionen! Durch ihre Musikvideos setzte sie auch immer wieder Modetrends, die weltweit Beachtung fanden. Bereits 2002 wurde ihr Nettovermögen auf 400 Millionen US-Dollar geschätzt. Laut *Forbes Magazine* verdiente sie 2006 durch ihre Welttournee und ihr Album *Confessions on a Dance Floor* rund 192 Millionen US-Dollar. Neben sieben Grammys (u. a. 1998 für *Ray of Light*) erhielt sie auch den Golden Globe (1997 für ihre Darstellung in der Musicalverfilmung *Evita*). Damit ist sie mit Abstand die erfolgreichste Popsängerin der Welt!

### SPIELVERDERBERIN, JA ODER NEIN?

»Wenn meine Clique etwas unternimmt, wozu ich keine Lust habe, werde ich als Spielverderberin hingestellt. Muss ich immer alles mitmachen? Bin ich wirklich eine Spielverderberin?«

Nein, das bist du nicht. Es ist wichtig, auch innerhalb einer Gruppe oder Freundschaft immer eine Person mit eigener Meinung und eigenen Wünschen zu bleiben. Klar gehören Kompromisse auch dazu. Aber völlig unkritisch alles mitmachen, was andere wollen, ist nicht in Ordnung. Sollten deine Freunde Druck auf dich ausüben, dann überleg, ob du in der richtigen Gesellschaft bist. Respekt vor den Bedürfnissen des anderen sollte eine Grundregel sein. Erst dann ist die Clique okay.

# Quoten-Queen? Besser nicht!

Beliebt zu sein ist eine tolle Sache. Aber man kann es damit auch übertreiben. Hast du nicht auch schon den Kopf über Menschen geschüttelt, die alles tun, um anerkannt zu werden? Sie essen Maden im Dschungelcamp, klettern an Wolkenkratzern hoch oder stellen einen Weltrekord im Dauerduschen auf. Sie nehmen es sogar in Kauf, sich lächerlich zu machen. Der Wunsch, berühmt, bewundert und bei ganz vielen Fans beliebt zu sein, treibt sie an. Es scheint bei manchen Menschen ein sehr starkes Bedürfnis nach Anerkennung, Aufmerksamkeit und Beliebtheit zu geben.
Richtig, denn es handelt sich um Grundbedürfnisse eines jeden Menschen. Unser Gehirn, besonders das eines Kindes, ist darauf angewiesen, von der Umwelt die Bestätigung zu bekommen, ob es richtig tickt. Nur wenn andere uns sagen: »Das, was du machst, ist gut!« oder sogar super, haben wir den Mut weiterzumachen, fühlen uns sicher und bestätigt in unserem Tun. Wir haben schon in den ersten beiden Kapiteln darüber gesprochen, wie wichtig Lob und wie schädlich ständige Kritik für einen Menschen ist. Deshalb kann man sagen, dass Menschen, die sich in solch gewagte Situationen begeben, bis jetzt in ihrem Leben zu wenig Anerkennung, Lob oder Aufmerksamkeit bekommen haben. Aus diesem Grund kämpfen sie jetzt mit allen Mitteln um Ruhm und Beliebtheit. Aber erreichen sie, was sie sich so sehr wünschen? Ja und nein! Es kommt darauf an, wofür man Berühmtheit erlangt, und sie hat ihren Preis. Quoten-Stars haben viele Neider und Kritiker, außerdem ist es sicher schwierig für sie zu unterscheiden, wer ein Freund ist und wer sie nur benutzt, um etwas von ihrer Berühmtheit für sich zu ergattern. Ob das erstrebenswert ist? Also bleiben wir doch lieber auf dem Teppich unseres privaten Umfeldes und sehen uns an, was Menschen in der Schule, Familie oder im Freundeskreis beliebt macht. Womit sie uns als Vorbild dienen können und womit nicht.

## Echte und falsche Freunde!

Die allerbeste Freundin, die ABF? Hast du sie? Prima, denn es gibt nichts Schöneres auf der Welt, als mit ihr über einfach *alles* zu quatschen, am besten stundenlang. Herrlich! Das ist für Mädchen in deinem Alter besonders wichtig. Du bist jetzt auf der Suche nach deinem Ich, deiner Persönlichkeit, und deshalb ist es wichtig, offen zu sein für die Ideen, Ansichten und Meinungen anderer. Es gibt so viel Neues zu entdecken. Da können lange Gespräche über Gott und die Welt helfen, zu sortieren und sich zu orientieren. Was passt zu mir, was nicht, wo will ich hin? Deshalb keine Panik, wenn du in Sachen Freundschaft mal an die oder den Falschen gerätst. Das passiert und ist kein Weltuntergang. Wie oben schon beschrieben, ist es wichtig, dass du das rechtzeitig erkennst. Dann kannst du die Bremse ziehen, dich zurückziehen und dich erneut auf die Suche machen.

### 15 Dinge, an denen du eine gute Freundin erkennen kannst!

1. Du kannst zu jeder Tages- und Nachtzeit anrufen, wenn du jemanden zum Reden brauchst.
2. Wenn sie dein Verhalten nicht okay findet, sagt sie es dir direkt.
3. Sie lästert nicht hinter deinem Rücken.
4. Sie ist an deinem Leben, deinen Wünschen und Träumen interessiert.
5. Sie freut sich mit dir, wenn es dir gut geht.
6. Sie tröstet dich, wenn es dir schlecht geht.
7. Sie hält dir einen Platz frei, wenn du mal zu spät kommst.
8. Sie geht mit dir durch dick und dünn.
9. Sie reagiert nicht zickig, wenn du mal etwas an ihr auszusetzen hast.
10. Sie besucht dich, wenn du krank bist.
11. Du kannst mit ihr so richtig herzlich lachen.
12. Du fühlst dich in ihrer Gegenwart sicher und richtig wohl.
13. Sie toleriert deine Macken.
14. Sie behält deine Geheimnisse für sich.
15. Sie lässt dich nicht links liegen, sobald sie mit einem Jungen geht.

# KNACK DEN BODY-CODE!

Du willst wissen, was andere über dich denken? Schau dir ihre Körperhaltung an! Wenn jemand die Arme vor dem Körper verschränkt, mit dem Fuß wippt, breitbeinig dasteht oder sich mit der Hand durchs Gesicht fährt, gibt dir das Auskunft über seine Gefühle. Lies hier, was der Body-Code anderer über sie verrät:

**FUSSWIPPEN** Das bedeutet Nervosität und innere Unruhe. Je schneller sich der Fuß bewegt, desto nervöser wird dein Gegenüber. Er möchte die Situation so schnell wie möglich verändern und sich am liebsten aus dem Staub machen.

**BREITBEINIGE STELLUNG** Stellt sich ein Junge aus deiner Clique, deiner Schule und so weiter dir gegenüber breitbeinig hin und hat seine linke Hand oder beide Hände in die Hosentasche(n) gesteckt, versucht er, dich durch seine Macho-Körperhaltung zu beeindrucken. Jackpot: Der Boy will etwas von dir.

**ÜBERGESCHLAGENE BEINE** Achtung vor jemandem, der seine Beine so übereinandergeschlagen hat, dass der Fußknöchel auf seinem Knie liegt. Er ist in äußerst angriffsbereiter Stimmung und wird dir sicherlich bald kräftig Kontra geben.

**HAND VORM MUND** Die Hand deines Gegenübers bedeckt Kinn und Mund, während du redest. Vorsicht, die Person vertraut dir nicht und zweifelt an dem, was du sagst.

**ABRÜCKEN** Willst du herausfinden, ob ein Mensch etwas mit dir zu tun haben will? Dann rücke ihm auf den Pelz. Weicht er einen Schritt zurück, fühlt er sich *bedroht*. Bleibt er stehen, hast du gute Karten. Menschen, die uns sympathisch sind, lassen wir nah an uns heran.

**SITZPOSITION** Wie sitzt derjenige auf dem Stuhl, mit dem du gerade zusammen bist? Ziemlich vorn auf der Stuhlkante? Er fühlt sich unwohl, ist wachsam und jederzeit *fluchtbereit*. Nimmt er dagegen die gesamte Sitzfläche ein und lehnt sich zurück, ist er entspannt und genießt deine Gegenwart.

**X-BEINE** Bemerkst du, dass deine Freundin x-beinig dasteht, wenn sie mit deinem Freund spricht? Aufgepasst! Sie will ihn mit der *Hilfsbedürftiges-Wesen-Masche* ködern. Schwört sie dir hinterher hoch und heilig, dass sie nicht mit deinem Freund geflirtet hat, dann achte auf ihre Hand. Wandern ihre Finger dabei immer wieder zum Mund, versucht sie, dich zu beschwindeln.

## GUT ZU WISSEN:
## SELBSTDARSTELLER

Sie sind brillante Geschichtenerzähler. Ihr Charme ist unwiderstehlich. Sie bringen jede Party in Schwung und lassen so manches Mädchenherz höherschlagen. Doch aufgepasst, solche Boys haben oft nur eins im Sinn, näm- lich sich selbst. Solltest du also bei einem Date so jemandem gegenübersitzen, so achte darauf, ob er neben all den tollen Geschichten über sich auch Fragen an dich hat. Ob er dich ausreden lässt oder ob er jede Geschichte, die du über dich erzählst, zu seiner macht. Sollte das so sein, dann will er nur bewundert werden, ohne sich wirklich für dich und deine Gefühle zu interes- sieren. Natürlich gibt es diese Sorte Mensch auch in weiblicher Ausführung. Egal, welches Geschlecht, das sind keine wirklichen Freunde!

# ERFOLGREICH FLIRTEN

Flirten ist so, als würde man sich einen unsichtbaren Ball zuwerfen und mit einem Hin- und Wegschau-Spielchen beginnen. Aber wie bei jedem Spiel gibt es auch hier eine Menge kleiner Tricks. Wenn jetzt noch das richtige Quäntchen Glück hinzukommt, entwickeln sich aus einem Flirt tiefe Gefühle, und es wird eine große Liebe daraus.

117

## So bekommst du den Jungen, den du möchtest!

**Blickspiel als Auftakt** Jungen mögen es, wenn ein Mädchen selbstbewusst ihrem Blick standhält. Stell dir einfach vor, es ist deine beste Freundin oder dein bester Kumpel. Dann schaffst du das auch, selbst wenn du schüchtern bist. Wenn nicht, dann übe das einfach einmal vor dem Spiegel und flirte mit deinem Spiegelbild.

**Offene Runde** Steh nicht mit verschränkten Armen da, das macht unnahbar. Abweisend wirkst du auch, wenn du dem Jungen aus Unsicherheit nicht ins Gesicht siehst, sondern an ihm vorbei auf den Boden guckst. Soll euer Flirtspiel in Gang kommen, wende dich deinem Flirtpartner offen mit dem Körper zu. Damit signalisierst du ihm: Ich bin interessiert an dir!

**Der erste Satz** Tief Luft holen, allen Mut zusammenkratzen und ihn ansprechen. Wie? Zum Beispiel so: »Sorry, ich muss dich einfach anquatschen. Du hast so nett gelächelt!«, oder: »Hallo, ich bin XY, und wer bist du?«, oder: »Ich hab Hunger, weißt du, wo es hier in der Nähe einen Burgerladen gibt?« Ein bisschen stottern oder rot werden macht gar nichts. Dein Flirtpartner ist bestimmt genauso aufgeregt und unsicher wie du.

**Schlagabtausch** Kommt ihr ins Gespräch, dann texte den Jungen nicht zu, sondern stell ihm Fragen: »Was für Hobbys hast du?«, »Welche Musik gefällt dir?«, »Wie findest du den neuen Film?«, »Hast du auch einen Lehrer, der dich nervt?« Dazu hat er garantiert etwas zu sagen.

**Mit Punkt und Komma** Typisch für Mädchen: Wenn sie nervös sind, quasseln sie ohne Punkt und Komma. Solltest du das bei dir bemerken, gib es ruhig zu: »Sorry, ich glaube, ich kau dir gerade das Ohr ab!« Nichts ist entwaffnender und kommt sympathischer rüber als ein Mädchen, das über sich selbst schmunzeln kann.

**Komplimente** Wenn du den Jungen nach seinen Hobbys fragst, kannst du die Frage auch gleich mit einem Kompliment verbinden. »Du hast aber muskulöse Arme, welchen Sport machst du?«

Macht dir dein Flirtpartner ein ähnliches Kompliment zurück, lächle ihn an und sag: »Danke!«

**NATÜRLICH SEIN STATT COOL** Ein guter Flirt sollte locker und vor allem ehrlich sein. Also bleib, wie du bist, und verstell dich nicht. Damit gibst du dem Jungen die Möglichkeit, dich so kennenzulernen, wie du wirklich bist.

**FINALE** Euer Flirt läuft prima, jetzt kommt es darauf an, eine Verabredung hinzukriegen. Pass den richtigen Moment ab. Erzählt er zum Beispiel, dass er gerne Billard spielt, frag ihn, ob er dir das beibringen kann. Schließlich wolltest du das schon immer lernen. Willigt er ein, kannst du ihm ja gleich einen Termin vorschlagen. Bingo! Spiel, Satz und Sieg!

## ❀ ❀ ❀  In Flirtlaune!

Nutz die Tage für Flirts, an denen du richtig gut drauf bist. Das erhöht die Erfolgschancen. Wer gut gelaunt ist, findet leichter Kontakt. Der strahlt eine Leichtigkeit aus, die Jungen anziehend finden. Bist du dagegen schlecht gelaunt, mach dir klar: Heute gehen deine Flirtchancen gegen null. So ersparst du dir unnötige Enttäuschungen.  ❀ ❀ ❀

## DIE GRÖSSTEN JUNGEN-ABTÖRNER

Willst du wissen, was Jungen bei Mädchen total abtörnend finden? Dann lies hier weiter.

**FIGUR-GEJAMMER** Ich bin zu dick! Das ständige Sprechen über die sogenannten Problemzonen nervt Jungen ungemein, denn in den meisten Fällen gibt es gar keine Problemzonen.

**TOILETTEN-DUO** Wer hat das eigentlich erfunden, dass Mädchen immer zu zweit auf die Toilette gehen müssen? Wenn du mit deiner Freundin etwas Wichtiges zu besprechen hast, gibt es doch bestimmt auch einen anderen Platz dafür. Jungen finden Mädchen, die ewig im Klo verschwinden, ziemlich nervig.

**UNGEPFLEGTE NÄGEL** Schmutzige, abgebrochene oder abgekaute Fingernägel finden die meisten Jungen ziemlich abstoßend.

**AUF MEGASEXY MACHEN** Manche Mädchen glauben, dass ein übertrieben sexy Outfit ihre Flirtchancen erhöht. Falsch! Richtig ist zwar, dass ein sexy Outfit die sexuellen Fantasien eines Jungen beflügelt. Aber dann steht Sex und nicht Freundschaft im Vordergrund. Die meisten Jungen mögen Mädchen lieber, die natürlich rüberkommen.

**FETTIGE HAARE** Sie sind ein No-Go für Jungen. Sie stehen auf frische, nach leckerem Shampooduft riechende Haare. Tipp: Sprüh nach dem Haarewaschen ein wenig Parfüm auf, dort hält sich der Duft besonders lange.

**WILD MIT DUFT EINDIESELN** Benutzt du zu viele unterschiedliche Düfte auf einmal wie Duschgel, Bodylotion und Parfüm, kannst du damit Jungen kräftig auf die Geruchsnerven gehen. Dein Parfüm sollte lieber weniger aufdringlich sein und sich idealerweise mit deinem eigenen Körpergeruch verbinden.

**STOPPLIGE BEINE** Dunkle Härchen oder Stoppeln an den Beinen finden die meisten Jungen ätzend. Glatte Haut sieht nicht nur gepflegter aus, sondern lädt auch zum Streicheln ein.

**EINE FREUNDIN ALS LIEBESAGENTIN** Das kommt bei den meisten Jungen gar nicht gut an. Wenn du dich selbst traust, sie anzusprechen, schätzen sie das viel mehr.

**HERUMALBERN** Humor zu zeigen ist toll. Albernes Kichern hat damit nichts zu tun. Jungen nervt das. Spielst du den Kasper, nehmen sie dich nicht ernst.

### Gegensätze ziehen sich an?

Von wegen! Forscher fanden genau das Gegenteil heraus und stellten fest, dass Sympathie etwas mit Ähnlichkeit zu tun hat. Das Wort *Sympathie* sagt das eigentlich auch. Es kommt aus dem Altgriechischen und besteht aus den Teilen *sym* = »gemeinsam« oder »zusammen« und *pathie* (kommt von »Pathos«) = Begeisterung, Ergriffensein oder Leidenschaft. Fügen wir die Begriffe zusammen, heißt das: zusammen begeistert sein. Gemeinsam eine Leidenschaft teilen. Zusammen ergriffen sein. Du würdest sagen: »Der oder die versteht, was ich meine. Wir haben eine Wellenlänge.« Diese Gefühlsähnlichkeit ist also der Motor, der Menschen aufeinander zugehen lässt. Die äußere Erscheinung spielt natürlich auch eine Rolle. Hat ein Junge genau den Lockenkopf, den du so süß findest, oder einen tollen Body, schlägt dein Herz gleich höher. Doch Attraktivität muss nicht gleich Sympathie bedeuten. Bestimmt hast du das auch schon mal erlebt.

## VERSTEH EINER DIE JUNGEN!

Jungen sind gar nicht so cool, wie sie tun. In der Clique laufen sie zwar zur Hochform auf, aber werden sie allein angeflirtet, bekommen sie schnell Muffensausen. Jungen wollen sichergehen und ausschließen, dass ihnen das Mädchen einen Korb gibt. Willst du wissen, ob dein Schwarm etwas von dir will, guck in seine Augen.

**WEITEN SICH SEINE PUPILLEN,** sind sie größer und schwärzer, wenn er dich sieht? Das ist das sicherste Zeichen, dass er dich ins Auge gefasst hat.

**KEIN BLINZELN?** Dann ist er total fasziniert von dir und so gebannt, dass er sogar zu blinzeln vergisst.

Du hast auch eindeutig sein Interesse geweckt, wenn er **KOMISCHE SACHEN MACHT,** um seine Kumpels und dich zum Lachen zu bringen. Zum Beispiel: Er klaut seinem Freund die Mütze und schaut, wie du reagierst. Er will mit der Aktion auf sich aufmerksam machen, hat aber nicht den Mumm, dich anzusprechen.

**HAT EIN JUNGE KEIN INTERESSE AN DIR,** erkennst du das daran, dass …

… er mit dem Rücken zu dir steht oder sitzt, obwohl du direkt neben ihm bist.

… er die Arme verschränkt, wenn er dir mit seinem Oberkörper zugewandt ist.

… er gelangweilt wirkt und sich mit seinem Handy oder seiner Uhr beschäftigt.

… er keine Blicke mit dir wechselt.

## Traumtypen, ja, die gibt's wirklich!

Manchmal sieht man erst auf den zweiten Blick, wie toll ein Junge ist. Darum solltest du ihn nicht vorschnell aburteilen. Guck ihn dir genauer an. Ein Junge, der gut für dich ist, verhält sich so:

- Er interessiert sich wirklich für dich und mag dich, wie du bist.
- Du kannst dich auf ihn verlassen, und du kannst dir sicher sein, dass er für dich da ist.
- Er kann dich trösten, wenn du traurig bist.
- Er respektiert deine Meinung und fragt dich auch nach ihr.
- Er interessiert sich für dein Leben und hat eine Menge Fragen.
- Er liebt es, dir eine Freude zu machen.
- Er ist höflich, hält dir die Tür auf oder hebt Sachen auf, die dir heruntergefallen sind.

## Wenn Jungen dich nerven, zeig ihnen die Rote Karte!

Manche Jungen können auch ganz schön nerven. Obwohl sie dich gar nicht kennen, lästern sie laut über dich, verspotten dich, machen ordinäre Witze, oder sie flirten dich ständig an, auch wenn du dich gar nicht für sie interessierst. So kannst du dich wehren:

**Wenn ein Junge dich nicht in Ruhe lässt:** Weihe deine Freundinnen ein, sie sollen dich vor ihm abschirmen und dich nicht mit ihm allein lassen.

**Wenn miese Gerüchte über dich verbreitet werden:** Stell den Typ sofort zur Rede. Mach ihm klar, wie schlimm seine Aktion für dich ist. Sag auch deinen Freunden und Bekannten, dass er Lügen über dich erzählt. Sie werden dir glauben, weil du offen damit umgehst.

**Wenn dich ein Junge anzugrapschen versucht:** Kreuze die Arme über der Brust, setze einen eiskalten Blick auf und sag ganz laut: »Pfoten weg!« Sollte all das nichts nützen, hol dir Hilfe von Erwachsenen. Du musst dir nichts gefallen lassen.

## ONLINE-FREUNDSCHAFTEN? ABER KLARO!

Im Internet kann man nette Leute kennenlernen, quatschen und sich sogar verlieben. In den Profilen der Freundschaftsportale erfährst du, wie jemand aussieht, ob ihr Gemeinsamkeiten habt und ob er dir sympathisch ist. Super Sache, wenn man etwas schüchtern ist. Allerdings gilt es einige wichtige Dinge und Regeln zu beachten.

### INTERNET-ETIKETTE

Nicht jeder ist der, für den er sich ausgibt. Deshalb ist Vorsicht angebracht. Kommt dir jemand blöd, solltest du dich sofort verabschieden. Was du auch nie angeben solltest sind deine Adresse, dein Nachname oder der Name deines Sportvereins, deiner Schule o. Ä. Im Internet sind leider auch gefährliche Spinner unterwegs, die dich damit ausspionieren und am Ende sogar persönlich belästigen könnten. Deswegen triff dich auch nie allein mit einer Internet-Bekanntschaft. Nimm immer eine Freundin mit und informiere deine Eltern!

### SO ZEIGST DU DICH VON DEINER BESTEN S(E)ITE!

Wenn du dir selbst ein Profil zulegen willst, kannst du dich mit einem Spitznamen anmelden, Bilder von dir hochladen und dich so nach Lust und Laune präsentieren. Aber sei dir bewusst, dass deine Site ganz viele Leute ansehen werden. Womöglich auch deine Lehrer oder jemand, bei dem du dich für eine Ausbildung oder einen Job bewirbst. Also überleg dir vorher, wie du wirken willst und wie du optisch auftreten möchtest. Statt in einer sexy Pose stell lieber einen fröhlichen Urlaubsschnappschuss von dir rein. Aber kein freizügiges Bikini-Bild, auf dem zu viel Haut zu sehen ist. Das kommt billig und könnte obendrein die Falschen anlocken. Und denk immer daran, Spuren, die du im Netz hinterlässt, sind oft noch jahrelang dort zu finden.

Klar ist: Ein Profil ohne Porträt wird weniger angeklickt. Je besser und sympathischer dein Foto ist, umso erfolgreicher bist du. Aber fotografiere dich nicht selbst. Sobald du die

123

falsche Perspektive wählst, wirkt dein Gesicht verzerrt. Lass dich lieber von deiner Freundin fotografieren. Am besten auf Augenhöhe und vor einem neutralen Hintergrund.

### IMMER SCHÖN VORSICHTIG!
In den normalen Portalen, zum Beispiel SchülerVZ oder Facebook, kannst du wählen, wer auf dein Profil zugreifen kann. Lass am besten immer nur Freunde auf deine Seite – Fremde haben da nichts zu suchen. Außerdem kannst du immer noch mal jemanden einladen.

## SMS STATT ANRUF!
Jetzt gibt's noch ein paar super SMS-Messages fürs Handy.
Willst du, dass sich dein Schwarm bei dir meldet, dann gib ihm einen Grund dafür!
Zum Beispiel so:

- Bist du krank? Mach mir Sorgen, weil ich nichts von dir gehört habe. Wünsche mir ein Lebenszeichen von dir.
- Hab die Vermutung, dass du dich nicht traust, mir zu simsen. Also mach ich jetzt den Anfang: Hast du Lust auf Kino am Samstag?
- Ich sehe in deiner Zukunft ein Mädchen, das du sehr glücklich machen wirst. Dafür musst du ihr nur schreiben. Also los!

## SÜSSE GRÜSSE!
Langweilige Mails schreiben kann jeder. Also verschick doch mal eines dieser lustigen Bilder. Da freut man sich umso mehr!

```
      !””’!      ! !
!’’’”!_!   ‘’’’’’’’’’!
o - - - o  OO - - - o)
```

Xpress-Gruß!

```
,###..###,
#########
„######“
  „#“
```

Alles Liebe!

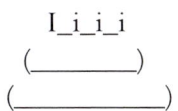

Happy Birthday!

```
★+★+★+★+★+★
```
Gute Nacht und
träum schön!
```
★+★+★+★+★
```

# Kapitel 7

## Stark bei Sex & Liebe

# STARK BEI SEX & LIEBE

Es gibt viele erste Male im Leben. Der erste Schultag, das erste Mal allein verreisen, die erste Sporturkunde oder der erste Schulabschluss. Doch das erste Mal richtig verliebt zu sein, das stellt alles in den Schatten. Was du jetzt erlebst, ist spannend, aufregend und wunderschön.

## RICHTIG VERLIEBT

Du schwebst auf Wolke sieben! Die ersten Berührungen, der erste Kuss, die erste feste Freundschaft. Plötzlich ist da dieses neue Gefühl, eventuell gepaart mit sexuellem Verlangen, das den ganzen Körper durchflutet und dich vor die Frage stellt: Soll ich oder soll ich nicht? Dieses Kapitel soll dir helfen, die richtige Antwort darauf zu finden.

### UND ES HAT ZOOM GEMACHT!

Bestimmt ist es noch gar nicht so lange her, als du und deine Freundinnen der festen Meinung wart, dass die meisten Jungen total doof sind. Bei der Vorstellung, sich jemals in einen dieser bescheuerten Typen verlieben zu können, habt ihr nur den Kopf schütteln können. Und plötzlich ist alles anders. Auf einmal bist du verknallt. Genau in einen dieser Jungen.
Wie kommt es, dass man Jungen auf einmal mit anderen Augen sieht? Der Grund ist die Pubertät. Dein Körper hat eine Entwicklung durchlaufen, die dich geschlechtlich zur Frau gemacht hat. Mit allem, was dazugehört. Damit öffnet sich eine neue Welt für dich. Aus Flirt und Verliebtheit wird mehr. Irgendwann ergibt es sich, dass du nicht nur kuscheln und knutschen willst.

Neugier und Sehnsucht nach intimer körperlicher Nähe kommen hinzu. Doch mit jemandem zu schlafen muss Spaß machen und für beide ein lustvolles Ereignis sein. Darum ist nichts wichtiger als deine Vorstellung, wie und wann du es gerne hättest. Hat dein Freund das Bedürfnis, mit dir zu schlafen, du aber nicht, dann ist Sex zwischen euch einfach noch nicht angesagt. Das gilt nicht nur für das erste Mal, sondern für die Sexualität in deinem gesamten Leben. Wenn du nicht willst, dann muss der andere das akzeptieren. Andersherum natürlich genauso.

## Ist es uncool, noch keinen Sex gehabt zu haben?

»Alle meine Freundinnen hatten schon Sex und auch einen Orgasmus. Nur ich nicht. Darum tue ich so, als hätte ich auch schon mit meinem Freund geschlafen!«

Du willst cool dastehen vor deinen Freundinnen, das ist ja verständlich. Aber auch wenn dir deine Freundinnen noch so oft erzählen, wie toll Sex ist und wie oft sie schon einen Orgasmus hatten, deswegen musst du noch lange nicht mit deinem Freund ins Bett steigen. Und mal ehrlich: Sind die Storys deiner Freundinnen nicht ohnehin übertrieben oder gar geflunkert? Glaube nicht alles, was sie dir erzählen, denn in kaum einem anderen Bereich wird so angegeben wie beim Sex.

## Sex ist nur schön, wenn beide es wollen!

Wenn du mit einem Jungen ins Bett gehst, solltest du es aus ganzem Herzen wollen. Lass dich nicht unter Druck setzen. Weder von ihm noch von dir, noch von deiner Clique oder sonst jemandem. Bist du noch nicht so weit, wirst du keinen Spaß haben und nur enttäuscht sein. Willst du noch keinen richtigen Sex, dann sag zu ihm: »Ich weiß, dass du mit mir schlafen willst. Aber für mich ist es wichtig, dass es für uns beide schön ist. Und ich bin einfach noch nicht bereit dafür!« Auch wenn du noch so verliebt in ihn bist, ein Junge, der keine Rücksicht auf deine Bedürfnisse nimmt, ist deiner Liebe nicht wert. Wenn er versucht, dich mit allen Mitteln rumzukriegen, ist das nicht fair.

### Du bestimmst die Grenzen!

Zu Zärtlichkeiten jeder Art gehören immer zwei. Wenn du etwas nicht mitmachen willst, muss dein Freund das respektieren.

Schiebt er zum Beispiel beim Küssen seine Hand unter dein T-Shirt, aber du möchtest das noch gar nicht, dann sage ihm klar und deutlich, dass dir das nicht gefällt und dass du damit noch warten willst! Wenn er trotzdem weitermacht, dann leg deine Hand auf seine und halte sie fest. Wiederhole mit ganz bestimmter Stimme, dass er aufhören soll. Bleibt er hartnäckig, dann setz dich abrupt auf oder so weit von ihm weg, dass ein Abstand zwischen euch entsteht, und leg seine Hand entschieden weg von dir. Sollte er darauf verärgert reagieren, dann ist er schlicht der Falsche. Leider gibt es noch ganz viele Mädchen und Frauen, die es ihrem Partner überlassen, wann und wie sie Sex miteinander haben. Sie sind der Meinung,

wenn er mich wirklich liebt, dann weiß und spürt er, was ich will und was mir guttut. Vor dieser sehr romantischen Vorstellung können wir nur warnen, denn sie überfordert nicht nur den Partner, sondern sie kann auch für eine Menge Frust, Enttäuschung und Missverständnisse sorgen. Auf beiden Seiten. Der bessere Weg ist, mit dem Liebsten zu sprechen und ihm offen zu sagen, was du dir beim Sex von ihm wünschst und wo für dich Schluss ist. Natürlich gehört Selbstvertrauen dazu, um die eigenen sexuellen

Wünsche und Grenzen äußern zu können. An deinem Selbstvertrauen kannst du auch dann arbeiten, wenn du gerade keinen Partner hast. Wie, das konntest du ja bereits lesen.

## DAS ERSTE MAL!

Hast du es schon hinter dir? Oder wartest du lieber noch? Auf jeden Fall hast du dir bestimmt schon Gedanken über das erste Mal gemacht. Soll ich oder soll ich noch nicht? Diese Frage stellen sich viele Mädchen. 29 % planten den Zeitpunkt für ihr erstes Mal genau. 47 % der Mädchen ließen es spontan geschehen, hatten es allerdings schon im Kopf. 24 % von ihnen wurden von dem Ereignis total überrumpelt. Diese Zahlen gehen aus einer großen Studie hervor, die 2006 erstellt wurde. Planen oder spontan handeln? Die erste sexuelle Erfahrung mit einem festen Freund erleben oder es mit jemandem tun, den man eigentlich nur sexy findet? Was ist richtig? Darauf gibt es keine verbindliche Antwort, denn jede Lebensgeschichte ist anders. Ob du es als Krönung deiner ersten Liebe machst oder nur aus Neugier, niemand kann dir sagen, was besser ist. Immerhin sagten 58 % der befragten Mädchen: So, wie es war, so war es gut!

❀ ❀ ❀  SCHON GEWUSST?
## DAS BEDEUTEN SEINE KOSENAMEN!
*Schatz* oder *Liebling:* Dieser Junge ist stolz auf dich!
*Schnuffi, Knuddl:* Dein Freund ist total verliebt in dich.
*Mausi, Hasi, Engelchen:* Dieser Junge will dich beschützen.
*Baby* oder *Darling:* Dein Boyfriend will besonders cool wirken.
*Süße* oder *Liebste:* Dein Freund liebt dich leidenschaftlich und ist dir treu.
❀ ❀ ❀

## SICH ZU TRAUEN, HEISST VERTRAUEN.

Offen über Sex zu sprechen ist dir peinlich? Und du weißt nicht, wie du das anstellen sollst? Nur Mut! Es ist gar nicht so schwer. Sag deinem Freund, was dir gut gefällt, was du dir von ihm wünschst, was du einmal ausprobieren möchtest und was dir nicht gefällt. Sei mutig, bereite dich auf so ein Gespräch vor, sorge für eine entspannte Stimmung. Vielleicht redet es sich einfacher bei einem Waldspaziergang oder in einem Schaumbad bei Kerzenlicht. Beginne mit einem Kompliment, sage ihm, wie schön es mit ihm ist und was du an ihm besonders magst. Dann lassen sich Wünsche oder Kritikpunkte leichter formulieren. Solche Gespräche sorgen dafür, dass ihr euch immer mehr vertraut. Vertrauen zu haben und mit der Zeit immer vertrauter zu werden, ist für eine Liebesbeziehung ganz, ganz wichtig. Nur so könnt ihr euch wirklich entspannen und den anderen in vollen Zügen genießen. Im Übrigen, die richtigen Worte zur richtigen Zeit können das Liebesspiel sogar noch romantischer oder erotischer machen.

### ALLES KANN, NICHTS MUSS!

Um ihm zu gefallen, alles mitmachen? Egal, ob dir das gefällt oder nicht? Bloß nicht! Sag ihm, was du fühlst, wovon du träumst und was dich belastet. Kein Mensch kann Gedanken lesen, deshalb mach es dir zur Gewohnheit, über das zu sprechen, was du mit deinem Partner erlebst. Damit tust du ihm einen großen Gefallen. Du weißt ja aus eigener Erfahrung, wie unsicher es dich manchmal macht, wenn du keine Ahnung hast, ob deine Zärtlichkeiten beim anderen ankommen.

### FÜNF GUTE GRÜNDE, LIEBER NEIN ZU SAGEN

Sex ist etwas ganz Besonderes und Wunderschönes. Aber keine Waffe, die du einsetzen solltest, um etwas damit zu erreichen. Zum Beispiel …

#### … WEIL DU EINEN JUNGEN FÜR DICH GEWINNEN WILLST!

So funktioniert's nicht! Es gibt keinen sicheren Weg, ihn verliebt in dich zu machen. Benutz deinen Körper nicht als Werkzeug. Ein Junge sollte vor dir und deinen Gefühlen Respekt haben. Du willst doch mehr als nur ein flüchtiges Abenteuer für ihn sein, oder?

#### … WEIL DU IHN EINEM ANDEREN MÄDCHEN AUSSPANNEN WILLST!

Bloß mit einem Jungen schlafen, damit die andere keine Chance hat? Das ist einfach nur gemein und zum Schluss stehst du mit leeren Händen da.

### ... AUS ANGST, IHN ZU VERLIEREN!

Wenn du nur mit deinem Freund ins Bett gehst, weil du denkst, dass er dich sonst verlässt, dann lasse es lieber. Suche dir jemanden, bei dem du dir seiner Gefühle sicher bist.

### ... WEIL DU ENDLICH WISSEN WILLST, WIE SICH SEX ANFÜHLT!

Jungen sind oft das Thema Nummer eins unter Mädchen. Mit dem nächstbesten Typen ins Bett zu gehen, nur weil du mitreden willst? Wir sagen Nein! Du hast alle Zeit der Welt, auf den Richtigen zu warten.

### ... WEIL DU DEINEN EX ZURÜCKGEWINNEN WILLST!

Vorsicht, die Enttäuschung kann groß sein, wenn er dann doch nicht zu dir zurückkehrt. Dein Liebeskummer könnte so noch größer sein als vorher. Besser, du überprüfst erst einmal ganz genau, ob eure Liebe eine zweite Chance hat.

## ICH WILL DOCH NUR SPIELEN!

Du fühlst dich noch nicht bereit für Sex, möchtest ihm aber trotzdem ganz nah sein? Petting ist das Intimste, was du mit deinem Freund machen kannst, ohne mit ihm zu schlafen! Das Berühren an ganz intimen Stellen kann ein sehr sinnliches Erlebnis sein und man erlebt ähnliche Lustgefühle wie beim Geschlechtsverkehr. Aber Vorsicht: Beim Streicheln werden die Sexualhormone richtig aktiv. Vor allem beim Stimulieren der Geschlechtsteile. Je länger das Petting dauert, desto intensiver wird der Wunsch auf mehr. Ein Junge versucht dann oft, aufs Ganze zu gehen. Sag ihm, dass du das beendest, wenn er dich weiter bedrängt. Fängt er an, dich zu beschimpfen mit Sachen wie »Du sollst dich nicht so anstellen!« und Ähnlichem, dann lass dich nicht erpressen. Sag deinem Freund, dass du in ihn verliebt bist und dass du mit ihm intim sein möchtest, aber dass momentan eben nur Petting drin ist und mehr nicht. Der Junge, der dich zu etwas zwingen will, kann nie dein Traumprinz sein. Wenn ihm etwas an dir liegt, wird er auf deine Wünsche hören und geduldig warten.

## INTIME STREICHELEIEN

Sich selbst zu verwöhnen ist perfekt, um das eigene Lustempfinden zu erkunden. Die Zeiten, in denen die wildesten Gerüchte herumgeisterten, wenn es um das Thema Selbstbefriedigung ging, sind ja Gott sei Dank vorbei. Es war Sünde und galt als verwerflich, sich selbst Lust zu bereiten. Man machte den Menschen große Angst, drohte mit schlimmen Krankheiten, die eintreten würden, wenn man seinem Bedürfnis nach sexueller Befriedigung nachgab. Dabei ist Selbstbefriedigung eine ganz natürliche Sache und gehört zur Sexualität der Menschen ganz einfach dazu. Es ist wundervoll, bei der Erforschung des eigenen Körpers die besonders empfindlichen Stellen zu entdecken und sich dabei selbst zum Orgasmus zu bringen. Wie oft du onanierst und wann, ob abends vor dem Einschlafen oder in der Badewanne, bleibt dir selbst überlassen. Achte nur darauf, dass du wirklich ungestört bist, so kannst du dich ganz deinen Träumen überlassen.

### ENTDECKE DEIN LUSTZENTRUM!

Mehr als die Hälfte aller Mädchen befriedigen sich selbst. Die meisten onanieren, indem sie mit der Hand ihre Scheide zwischen den Schamlippen streicheln und ihren Kitzler stimulieren. Der Kitzler (auch: die Klitoris) ist das Lustzentrum der Frau. Hier kommen sehr viele Nervenenden zusammen. Anfangs, wenn du deinen Körper noch nicht so gut kennst, findest du den Kitzler vielleicht nicht gleich. Manchmal ist die Klitoris unter einer kleinen Vorhaut versteckt, die sich leicht zurückschieben lässt. Oben in Richtung Bauchnabel, dort, wo die Schamlippen zusammenlaufen, fühlst du eine kleine, etwa erbsengroße Erhebung. Das ist dein Kitzler. Wie sanft oder fest du deinen Kitzler anfasst, um dir schöne Gefühle zu machen, musst du selbst ausprobieren. Aber das findest du schnell heraus. Du kannst dich durch Streicheln am Kitzler sogar bis zum Orgasmus bringen.

## SEXSPIELZEUG? BRAUCHEN MÄDCHEN NICHT!

Manche Girls glauben, dass sie sich bei der Selbstbefriedigung den Finger oder irgendwelche penisähnlichen Gegenstände in die Scheide stecken und hin und her bewegen müssen. Das kann zwar erregend sein, aber auf diese Weise kommt kaum ein Mädchen zum sexuellen Höhepunkt.

Die Scheide ist im Inneren nur auf den ersten zwei, drei Zentimetern für Berührungen empfindlich. Tiefer in der Scheide sitzen kaum Empfindungs-

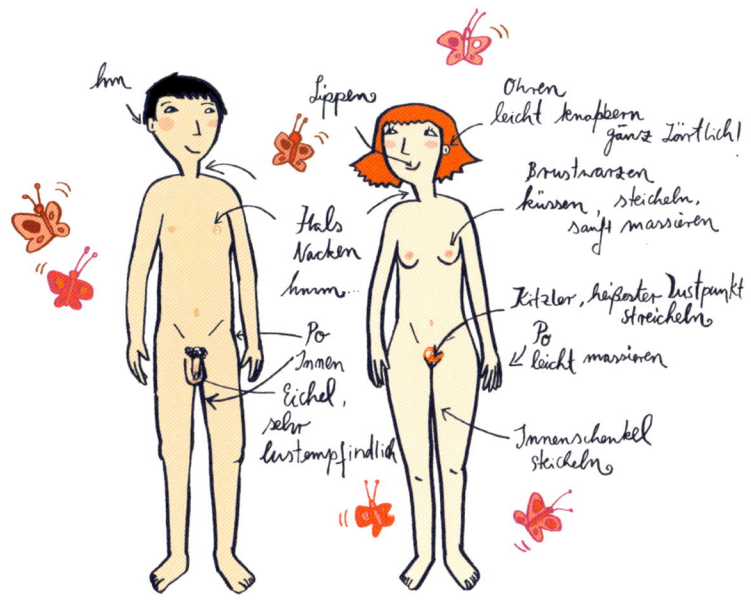

zellen, die den Reiz in Lust verwandeln. Willst du bei der Selbstbefriedigung zum Orgasmus kommen, dann streichele mit der einen Hand deinen Kitzler und mit der zweiten andere erregbare Körperzonen, zum Beispiel deinen Busen oder deine Innenschenkel. Wenn du anfangs nicht gleich das spürst, was du erwartest, mach dir nichts draus. Lust ist ein sehr anfälliges Gefühl. Denkst du zu viel nach, geht sie weg oder stellt sich erst gar nicht ein.

### DEINE EROGENEN ZONEN

In deinem Körper befinden sich bis zu 80 000 Nervenenden. Oft liegen sie auch ganz dicht beieinander. Das sind die Stellen, wo Berührungen am prickelndsten sind und wo es besonders stark kribbelt, wenn dich ein Junge dort berührt:

Die **Haut bei den Lippen** ist sehr sensibel. Je verliebter du bist, desto mehr spürst du da.

Küsse **auf deinen Hals und Nacken** sorgen für Vibrieren und für Gänsehaut.

**An deinen Ohren** darf geknabbert werden. Aber bitte nur ganz zärtlich.

**Deine Brustwarzen** mögen geküsst, gestreichelt und sanft massiert werden.
**Streicheln deiner Schenkel** lässt schnell die Schmetterlinge tanzen. Die zarte Haut an den Innenseiten der Schenkel ist besonders empfindsam.
Auch **am Po** ist leichtes Massieren erwünscht. Das musst du deinem Freund übrigens nicht zweimal sagen. Jungen lieben Mädchenpopos.
Wenn du **an der Scheide** gestreichelt wirst, toppt das alles, denn der Kitzler ist der heißeste Lustpunkt.

## SCHON GEWUSST?
## SO LIEBEN ES DIE JUNGEN!

Auch wenn sich manche Jungen obercool geben, so lassen besondere Zärtlichkeiten sie in den seltensten Fällen ungerührt. Weil die erogenen Zonen bei Mann und Frau gleich sind, kann sanftes Streicheln, weiches Küssen oder zärtliches Lecken von Ohren, Nacken, Brustwarzen und Po den Jungen genauso zum erotischen Höhenflug führen wie ein Mädchen. Dasselbe gilt natürlich auch für die Geschlechtsteile. Jungen sind am Penis-schaft und an der Eichel besonders lustempfindlich, so wie Mädchen an der Scheide beziehungsweise am Kitzler.

Doch nie vergessen: Grobe Berührungen können abtörnend wirken und endloses Streicheln kann die erogenen Zonen überreizen. Dann schlägt Lust in Frust um. Jungen geht es da nicht anders als Mädchen. Ob die Berüh-rungen des anderen als angenehm und erregend empfunden werden, hängt immer auch von der Stimmung und der Situation ab. Darum sei nicht enttäuscht, wenn dein Freund mal nicht *auf Knopfdruck* reagiert. Überhaupt: Sexualität ist dann am schönsten, wenn beide die Möglichkeit haben, mal der Verwöhnende und mal der Verwöhnte zu sein!

## SEX-DREAMS, WARUM NICHT!

Für deine sexuellen Wünsche brauchst du dich nicht zu schämen. Vielleicht tauchen Gedanken auf wie: »Was denkt der bloß über mich, wenn ich ihm sage, wie er meinen Kitzler streicheln soll? Will er dann vielleicht nichts mehr mit mir zu tun haben?« Solche Befürchtungen sind fast immer un-begründet. Es ist weder pervers noch schamlos, wenn du deinem Freund sagt, nach welchen Zärtlichkeiten du dich sehnst oder was du beim Sex überhaupt nicht magst. Die meisten Jungen finden es toll und aufregend, wenn ihnen ihre Freundin sagt, was sie sich beim Sex wünscht. Verunsichert oder komisch werden nur solche Jungen reagieren, die erst wenig Erfahrung haben, aber das nicht zugeben wollen. Wichtiger, als viel über Sex zu wissen, ist es, sich mit dem Partner über sexuelle Wünsche, Ängste und Tabus zu verständigen. Denn weder hast du, noch hat dein Freund hellseherische Fähigkeiten. Euer Sex kann nur *gut* werden, wenn ihr euch dabei verständigt und gegenseitig unterstützt.

### SEXY, ABER NICHT BILLIG AUSSEHEN – WIE GEHT DAS?

»Ich möchte verführerisch erscheinen, ohne als *billig* abgestempelt zu werden!«

Ein tiefer Ausschnitt ist aufregend und ein kurzer Rock auch. Aber ist der Rock knalleng, superkurz, der Ausschnitt so knapp, dass der Busen fast schon herausspringt, wirkt das nicht nur billig, es lässt auch keinen Platz mehr für Fantasie. Das Geheimnis für ein verführerisches Styling liegt in der Dosierung. Entscheidest du dich für einen kurzen Rock, solltest du besser keinen tiefen Ausschnitt tragen, sondern vielleicht ein hochgeschlossenes Top oder eines mit langen Ärmeln. Das Gleiche gilt für Make-up. Malst du dir rote Lippen, dann betone die Augen weniger, und umgekehrt.

### PSST, TOTAL INTIM!

Die Pflege des Intimbereichs ist ein heikles Thema? Für dich nicht. In der Pubertät merkt man als Mädchen, dass die Scheide einen gewissen Geruch entwickelt. Das ist ganz normal. Daran sind die Hormone schuld. Durch sie entwickelt sich in deinen Körperzellen ein ganz bestimmtes Duftmolekül. Bestimmtes Essen kann aber auch der Grund dafür sein, dass sich der natürliche Scheidengeruch verändert. Knoblauch und Zwiebeln können ihm eine schärfere Note verleihen, während Ananas und Erdbeeren deinen Intimbereich eher etwas süßsäuerlich duften lassen.

Sauberkeit im Intimbereich ist wichtig. Deshalb solltest du dich untenherum täglich waschen. Dazu genügt warmes Wasser und zum Abtrocknen ein Kosmetiktuch oder weiches Toilettenpapier, das du anschließend wegwirfst. Wenn du dich sicherer fühlen willst, zum Beispiel, wenn du deine Tage hast, kannst du auch spezielle Intim-Waschlotionen verwenden. Behauptet da jemand, dass du während der Periode nicht duschen kannst, ist das völliger Quatsch. Du kannst sogar baden und mit einem Tampon auch schwimmen!

### TIPPS UND TRICKS FÜR EINEN ROMANTISCHEN LIEBESABEND

Hast du Lust, deinen Schatz nach allen Regeln der Kunst zu verführen? Hier sind Tipps für besonders kribbelnde Stunden:

**SORG DAFÜR, DASS IHR UNGESTÖRT SEID!** Wer ständig damit rechnen muss, dass gleich jemand ins Zimmer platzt, kann sich nicht entspannen. Also unbedingt deine Zimmertür abschließen oder eine Gelegenheit nutzen, wo du sturmfreie Bude hast.

**MACH'S KUSCHELIG WARM!** Dreh die Heizung auf, denn Kälte ist ein Lustkiller.

**SORG FÜR WARMES LICHT!** In romantischer Stimmung fällt es dir leichter, deinem Schwarm näherzukommen. Stell ein paar Kerzen auf oder schraub eine rote Glühbirne in deine Nachttischlampe. Kerzenschein oder mattes rötliches Licht wirkt wie ein Weichzeichner.

**SORG FÜR LEISE MUSIK!** Das müssen nicht unbedingt romantische Balladen oder Kuschelrock sein. Am besten suchst du die Musik aus, bei der du dich wohlfühlst.

**LASS ES GUT RIECHEN!** Lust geht auch durch die Nase. Deshalb gehört zu einer verführerischen Atmosphäre auch ein angenehmer Raumduft. Zum Beispiel durch Duftkerzen, Räucherstäbchen oder eine Duftöllampe. Wichtig dabei: die richtige Dosierung! Zu viel wirkt penetrant und reizt die Schleimhäute. Erotische Düfte oder Duftmischungen bekommst du in jeder Drogerie.

**MACH'S BEQUEM FÜR EUCH!** Wer erst umräumen muss, um mit seinem Schatz in die Kissen zu sinken, läuft Gefahr, dass sich das Knistern in der

Zwischenzeit verabschiedet. Wenn dein Bett oder die Couch zum Knutschen zu eng ist, breite gleich eine Decke auf dem Boden aus. Mit ein paar Kissen wird daraus bei Bedarf ganz schnell und einfach das ideale Liebeslager.

Kann sein, du hast dir mit den Vorbereitungen sehr viel Mühe gegeben, aber trotzdem kommt zwischen euch keine erotische Stimmung auf. Dann ist das leider so. Sei deshalb nicht enttäuscht und mach dir keine Vorwürfe. Gefühle kannst du nun mal nicht erzwingen.

### 🎵 SOS-Tipp:

Richtig ablachen! Streut euch beide Brausepulver auf die Zunge. Während ihr euch küsst, explodiert dann ein kribbelndes Feuerwerk in eurem Mund. Wetten, danach ist die angespannte Stimmung gleich verflogen!

### AB WANN DARF MAN SEX HABEN?

»Stimmt es, dass man erst ab einem bestimmten Alter Sex haben darf?«

Ja, das stimmt. Grundsätzlich liegt die gesetzliche sexuelle *Schutzaltersgrenze* für Mädchen und Jungen bei dem 14. Lebensjahr. Wenn du also unter 14 bist, ist Sex verboten. Dies gilt auch, wenn der Junge schon 14 oder älter ist, du aber noch 13 bist. Wenn die Eltern eines Mädchens oder Jungen unter 14 Jahren Strafanzeige erstatten, muss die Staatsanwaltschaft ermitteln.

### GIB GUMMI!

Egal, wie verliebt du bist, vergiss niemals das Thema Verhütung. Uns ist es wichtig, dich zu bestärken, ganz selbstbewusst auf geschütztem Sex zu bestehen. Eigentlich sollte es für einen Jungen selbstverständlich sein, *gut ausgerüstet* zu einem Liebesdate zu erscheinen. Noch besser und sicherer ist, du hast selbst die bunten Verhüterli griffbereit. Auf Diskussionen, ob es nicht vielleicht auch ohne ginge, weil es angeblich den ganzen Spaß verdirbt, solltest du dich auf keinen Fall einlassen. Jungen, die so oder ähnlich argumentieren, sind rücksichtslos und verantwortungslos – und das sicher nicht nur, wenn es um Verhütung geht. Du kannst auch beim ersten Mal

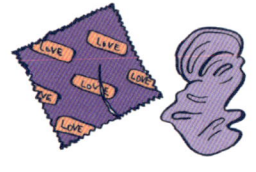

schon schwanger werden! Und außerdem gibt es ja auch noch Aids oder andere Geschlechtskrankheiten, mit denen ihr euch beide nicht anstecken wollt.

Sprich mit deinem Freund darüber, bevor du mit ihm schläfst, und lass dir nur nicht einreden, dass Kondome ein Abtörner seien. Natürlich kann so eine Unterbrechung stören, vor allem, wenn man richtig *heiß* aufeinander ist.

Latex-Allergie? Na und, es gibt auch Gummis ohne! Man bekommt sie in der Apotheke. Generell gilt: Auf keinen Fall ohne Verhütung miteinander schlafen.

### PETTING KANN SCHWANGER MACHEN!

Wer glaubt, dass bei Petting und Vorspiel nichts passieren kann, irrt. Da gibt es den sogenannten Lusttropfen. Das ist eine kleine Menge an Flüssigkeit, die bereits vor dem Samenerguss aus dem Penis austritt. Sie kann schon Samenfäden enthalten. Gelangt sie auf den Finger deines Freundes, kann sie bei eurem Liebesspiel in deine Scheide kommen. Mit dem Lusttropfen, so klein er auch sein mag, können nicht nur Schwangerschaften entstehen, sondern auch Krankheiten übertragen werden. Besser auch hier ein Kondom benutzen. *Aufpassen* allein funktioniert nicht.

### DOPPELT HÄLT BESSER!

Hast du einen festen Partner und geht ihr regelmäßig zusammen ins Bett, solltest du die Pille nehmen, damit du vor unerwünschter Schwangerschaft geschützt bist. Kondome sind nicht immer sicher. Sie können platzen oder im Eifer des Gefechts dann doch einmal vergessen werden. Bis zu deinem 16. Lebensjahr kann der Arzt auch entscheiden, ob er deine Eltern über deinen Pillenwunsch informiert oder nicht. Ab 16 kannst du dann allein entscheiden, ob du mit der Pille verhüten willst. Vorausgesetzt, der Arzt hat keine medizinischen Bedenken.

## GUT ZU WISSEN

Zu den sichersten Verhütungsmethoden zählt die Pille, klar. Doch sie schützt leider nicht vor Geschlechtskrankheiten und auch nicht vor Aids. Noch mehr Gründe für ein Kondom! Und schon mal von Chlamydien gehört? Das sind Bakterien, die vor allem beim Sex übertragen werden. Sie sind hochinfektiös. Wer weiß, dass er sich mit Chlamydien angesteckt hat, muss unbedingt seinen Sexpartner darüber informieren und sich behandeln lassen. Bei Frauen können diese Bakterien zu Unfruchtbarkeit, Frühgeburten und Eileiterschwangerschaften führen.

### SCHWANGER ODER NICHT?

Hattest du ungeschützten Sex (Petting oder Geschlechtsverkehr), mach einen Schwangerschaftstest. Sichere Schnelltests, die du schon vor dem Ausbleiben der nächsten Regelblutung anwenden kannst, gibt's in jeder Apotheke. Du kannst den Test auch bei einem Arzt durchführen lassen. Sollte dein Schwangerschaftstest positiv (schwanger!) ausfallen, bleib damit auf keinen Fall allein. Jetzt gilt es, sofort zu entscheiden, wie es für dich weitergehen soll. Dabei brauchst du Hilfe. Hast du Angst, es deinen Eltern zu sagen, sprich mit einem dir nahestehenden Erwachsenen oder Verwandten darüber oder geh zu pro familia. Die Beraterinnen dort helfen dir in jedem Fall weiter. Du kannst ihnen vertrauen, denn sie stehen unter Schweigepflicht. Die Adressen findest du im Internet oder im Telefonbuch.

### PILLE DANACH

Auch bei der Verhütung kann eine Panne passieren. Zum Beispiel, wenn das Kondom beim Sex abgerutscht oder gerissen ist. Wenn du die Antibabypille vergessen hast oder ihre Wirkung durch Erbrechen, Durchfall oder Antibiotika beeinträchtigt ist. Wenn du das Diaphragma falsch eingesetzt hast oder es verrutscht ist. Dann wende dich, so schnell es geht, an eine Ärztin oder einen Arzt und lass dir die *Pille danach* verschreiben. Mit diesem Medikament ist es noch möglich, bis zu 72 Stunden (3 Tage) nach dem Miteinanderschlafen eine Schwangerschaft zu verhindern. Natürlich auch, wenn du zum ungeschützten Geschlechtsverkehr gezwungen wurdest. Wichtig ist aber:

Je früher diese Pille eingenommen wird, umso sicherer wirkt sie. In manchen Beratungsstellen von pro familia gibt es Ärztinnen, die dich kostenlos beraten und ein Rezept für die *Pille danach* verschreiben können. Meist musst du dann in der Apotheke ca. 17 Euro bezahlen. Wer diese Pille am Wochenende oder abends benötigt, kann sich an eine Krankenhausambulanz oder an den ärztlichen Notdienst wenden. Am besten erkundigst du dich bereits am Telefon, ob sie diese Tablette verschreiben. Nicht alle tun das.

## SCHWANGERSCHAFTSABBRUCH

Du bist schwanger geworden, willst oder kannst das Kind nicht bekommen und möchtest einen Schwangerschaftsabbruch. In Deutschland kann jede Frau bis zum Ende der 12. Schwangerschaftswoche ohne Angabe von Gründen einen Schwangerschaftsabbruch vornehmen lassen. Voraussetzung: Sie muss sich vorher beraten lassen. Diese Beratung ist nach § 218b StGB (Strafgesetzbuch) gesetzlich vorgeschrieben. Dafür benötigt man eine sogenannte *Beratungsbescheinigung*. Die bekommt man bei einer dafür anerkannten Beratungsstelle, zum Beispiel bei pro familia oder Schwangerenberatungsstellen. Adressen findest du im Telefonbuch oder im Internet. Bist du unter 14 Jahren, müssen die Eltern über die Schwangerschaft ihrer Tochter informiert werden und dem Abbruch zustimmen.

Im Alter zwischen 14 und 15 Jahren kann der Arzt entscheiden, ob er das betreffende Mädchen für reif genug hält, diese Entscheidung allein treffen zu können. Wenn das nicht der Fall ist, müssen die Eltern informiert werden.

Bei Mädchen zwischen 16 und 17 Jahren besteht der Arzt nur in Ausnahmefällen auf der Information und der Zustimmung der Eltern. Zum Beispiel, wenn ein Mädchen psychisch unreif wirkt und sich nicht über die Konsequenzen ihrer Entscheidung im Klaren ist. Man kann aber davon ausgehen, dass ein Mädchen ab 16 Jahren in der Regel allein und ohne Wissen der Eltern einen Schwangerschaftsabbruch vornehmen lassen darf. Grundsätzlich ist ein Schwangerschaftsabbruch eine sehr, sehr schwierige

Entscheidung, die keinem Mädchen leichtfällt. Deshalb sind ausführliche Gespräche mit professionellen Beratern oder anderen Bezugspersonen dringend nötig, in denen das Für und Wider eingehend abgewogen wird. Bei einer festen und vertrauensvollen Beziehung sollte natürlich auch der Partner, der Vater des Kindes, einbezogen werden. Ist die Beziehung zerbrochen oder war es eher eine einmalige Sache, sollte man den Jungen trotzdem informieren. Egal, wie sich das Mädchen entscheidet, die Konsequenzen müssen von beiden getragen werden. Erst recht, wenn die Beziehung weitergeführt werden soll.

## COMING-OUT – HOMOSEXUELL ODER BISEXUELL?

Gleichgeschlechtliche Liebe ist in unserer Gesellschaft immer noch nicht selbstverständlich. Dabei gibt es sie schon immer. Von der Antike bis heute haben sich Männer in Männer und Frauen in Frauen verliebt. Häufig wissen diejenigen erst einmal gar nichts von ihrer Veranlagung, sondern erst mit der Zeit merken sie, dass sie das eigene Geschlecht anziehender finden. Manchmal ist so eine Neigung auch nur vorübergehend. Gerade in der Pubertät entdecken Mädchen und Jungen ihre Sexualität oft erst einmal mit der besten Freundin oder dem besten Freund. Manchmal ist es aber auch umgekehrt und nach einigen sexuellen Erlebnissen mit gegengeschlechtlichen Partnern funkt es plötzlich im eigenen Lager. Es kann aber auch sein, dass sich jemand ein Leben lang nicht zwischen Mann oder Frau entscheiden kann und Beziehungen zu beiden Geschlechtern hat. Du siehst, es kommt ganz auf den Einzelnen an, wie seine Sexualität aussieht. Sie ist eine sehr persönliche Sache und das ist auch gut so. Deshalb steh dazu, wenn du merken solltest, dass dich Mädchen einfach mehr anmachen als Jungen. Übrigens, die Bezeichnung Coming-out stammt von *coming out of the closet* (= aus dem Schrank herauskommen) und steht für den Augenblick, wenn eine homosexuelle Person sich offiziell zu ihrer sexuellen Neigung bekennt.

143

## BIN ICH LESBISCH?

»Kann es sein, dass ich lesbisch bin? Zu einem Jungen fühlte ich mich bisher noch nicht hingezogen, aber wenn meine Freundin zu mir kommt, habe ich immer so ein Kribbeln im Bauch. Nachts träume ich davon, sie zu streicheln, was mich sehr erregt.«

Ob du lesbisch bist oder nicht, wird sich mit der Zeit herausstellen. Im Moment hast du Sehnsucht nach Sex, nach Zärtlichkeit. Du bist neugierig, dich und deinen Körper, deine sexuelle Lust zu entdecken. Das ist okay. Und es ist auch okay, wenn du deine Sehnsucht, deine Neugier mit einer Freundin besser ausleben kannst. Viele Mädchen in deinem Alter machen erste sexuelle Erfahrungen mit der Freundin. Dass du dich nicht zu einem Jungen hingezogen fühlst und noch keinen Freund hattest, ist weder auffällig noch besorgniserregend. Es ist normal. Vielleicht interessieren dich Jungen irgendwann einmal brennend und du wirst mit ihnen auch sexuelle Erfahrungen machen. Wenn du beides kennengelernt hast, wirst du entscheiden können: Ich mag lieber Frauen oder ich mag lieber Männer oder ich mag beides.

### WENN SIE MEHR ALS DEINE FREUNDIN IST ...

Wenn du merkst, dass du lesbisch oder bisexuell bist, willst du dich damit nicht verstecken. Aber mit anderen darüber reden? Dazu braucht es Mut und Selbstbewusstsein. Man weiß ja nie, wie es ankommen wird, und hat Angst vor einem Stempel, den man nie mehr loswird. Doch lass dir gesagt sein, wer sich einmal traut, ist fast immer erleichtert, stolz und froh. Hier gibt's Tipps, wie dein Coming-out leichter für dich wird.

**LASS ANDEREN ZEIT, DICH ZU VERSTEHEN:** So, wie du selbst Zeit gebraucht hast, um deine Homosexualität zu erkennen und anzunehmen, brauchen sie Zeit, um die Wahrheit zu verstehen und zu akzeptieren.
**ES KANN PASSIEREN, DASS DEIN FREUNDESKREIS NACH DEINEM OUTING KLEINER WIRD:** Manche Menschen fühlen sich von Homosexualität verunsichert. Gleichzeitig wirst du neue Freunde finden. Das macht dich selbstbewusster.

**ERWARTE NICHT, DASS DIR FREUNDE, ELTERN ODER MITSCHÜLER SOFORT UM DEN HALS FALLEN, WENN DU DICH OUTEST:** Viele Eltern machen sich dann erst mal Vorwürfe und fragen sich, was sie bei ihrer Erziehung falsch gemacht haben. Manche haben einfach nur Angst vor den Reaktionen der Nachbarn, Verwandten, Freunde und Kollegen.

**ZEIG FINGERSPITZENGEFÜHL BEI DEINEM COMING-OUT:**
Gerade im Umgang mit Chefs, Lehrern oder anderen Vorgesetzten, von denen du abhängig bist, ist ein behutsames Vorgehen erforderlich. Zwar ist vom Europäischen Gerichtshof geklärt, dass die Leistungen homosexueller Arbeitnehmer (das betrifft auch Schüler und Auszubildende) mit denen heterosexueller gleichzustellen sind. Das bedeutet, kein Arbeitgeber (Lehrer, Ausbilder) darf dich deswegen diffamieren oder gar rauswerfen. Dennoch brauchst du nicht ungefragt mit deiner sexuellen Lebensform hausieren zu gehen. Schließlich tun das Heteros auch nicht.

## HEY, MACH MICH NICHT AN!

Sexualität und Liebe können auch eine dunkle Seite haben. Immer wieder kannst du Meldungen über sexuellen Missbrauch oder Vergewaltigungen lesen. Leider ist es so, dass 13 % aller Mädchen zwischen 13 und 17 Jahren schon einmal sexuell belästigt wurden. Das ist sehr traurig. Aufdringliche Typen, obszöne Anrufe, unheimliche Verfolger, es gibt viele Situationen, die einem Angst machen und einen bedrohen können. Wichtig ist, dass du dir klarmachst, dass niemand das Recht hat, dir zu nahe zu kommen, weder mit Worten noch mit Gesten, und schon gar nicht mit sexuellen Handlungen. Dies alles musst du dir nicht gefallen lassen, selbst wenn es jemand aus dem Bekanntenkreis, der Arbeitsstelle, Schule oder der Familie ist. Oft gehört großer Mut dazu, sich zur Wehr zu setzen. Deshalb mach dir klar: Sexuelle Belästigung ist eine Straftat und unsere Gesetze nehmen Mädchen und Frauen in Schutz. Dieser Gedanke kann schon helfen.

### SAG STOPP!

Sollte es einmal passieren, dass du in eine unangenehme Situation gerätst, dann ist es wichtig, dass du einen klaren Kopf behältst und dich mit den richtigen Worten zur Wehr setzt. Wir haben hier Tipps für dich, wie du dir in solchen Momenten helfen kannst.

**ANZÜGLICHE KOMMENTARE** Wenn dich Jungen wegen deiner Klamotten oder deiner Figur anmachen oder jemand in deiner Gegenwart blöde frauenfeindliche oder dreckige Witze erzählt, stell die Jungen vor anderen als Idioten hin.

**ANMACHER** Wenn dich jemand immer wieder anquatscht, obwohl du ihn nicht magst, oder jemand dich anstarrt und mit Blicken auszieht – sobald du also das Gefühl hast, irgendwie ist dir jemand zu nahe gekommen, sag laut und am besten vor Zeugen: »Lassen Sie mich in Ruhe!!!!« Wichtig ist, dass du dabei nicht *bitte* sagst.

**BEGRAPSCHER** Wenn dich jemand scheinbar unabsichtlich am Busen oder sonst wo berührt, sprich die Person direkt an. »Nehmen Sie die Hand da weg!« Je klarer und selbstbewusster du handelst, umso besser kannst du dich schützen. Nein heißt Nein und bleibt Nein.

**OBSZÖNE ANRUFER** Stöhnt jemand ins Telefon, fragt oder sagt schmutzige Dinge, gleich auflegen. Ruft dich der Belästiger immer wieder an, leg dir eine Trillerpfeife bereit und pfeif kräftig in den Hörer. Du kannst dich auch bei der Telefongesellschaft erkundigen, was zu tun ist. Es gibt die Möglichkeit, Anrufe, die mit unterdrückter Nummer ankommen, automatisch abzuweisen.

**VERFOLGER** Halt dein Handy ans Ohr und tu so, als ob du telefonieren würdest: *Ich geh jetzt die XY-Straße entlang* oder *Ich bin bei der Party von so und so.* Oder du rufst tatsächlich jemanden aus deiner Familie oder deine Freundin an. Kein Blickkontakt! Versuch, niemandem, den du bedrohlich findest, in die Augen zu schauen (mehr dazu in Kapitel 8). Es könnte sein, dass sich die Person dadurch provoziert fühlt. Behalte deinen aufrechten Gang bei. Versuche, so selbstbewusst und stark wie möglich auszusehen. Sobald dir etwas mulmig ist: Kopf hoch und die Schultern gerade machen und raschen Schrittes in Sicherheit bringen.

**ANGREIFER** Wenn du von einem Mann angegriffen wirst, dann schrei, so laut du kannst, um Hilfe: »Hilfe, ein Mann greift mich an!«, und suche, so schnell du kannst, den Schutz anderer Menschen. Hier hilft auch eine Trillerpfeife, um ihn abzuschrecken.

**BELÄSTIGER** Wenn dir jemand Pornos zeigen will, die du nicht sehen möchtest, dann sag laut und deutlich: »Hau ab damit!!!«

### ✿ ✿ ✿ NUMMER GEGEN KUMMER!

Speziell für Kinder und Jugendliche gibt es das Kinder- und Jugendtelefon des Kinderschutzbundes. Die deutsche *Nummer gegen Kummer* heißt: 0800/1110333. Für Österreich: 01/147. Für die Schweiz: 0800/554210. Die Gespräche sind kostenfrei! ✿ ✿ ✿

### ACHTUNG VOR PORNOS!

Pornografische Darstellungen, also Darstellungen sexueller Handlungen mit Betonung der Geschlechtsorgane, gibt es schon seit der Antike. Durch die Jahrhunderte hindurch schrieben, zeichneten, malten und fotografierten Menschen sexuelle Motive, um sich und andere zu erregen. Besonders Männer liebten und lieben diese Art der Stimulation. Was früher heimlich unter dem Ladentisch oder in Sexshops gehandelt wurde, ist heute im Internet für jeden

Benutzer auf einfache Art und Weise zu bekommen. Immer mehr Jugendliche laden sich auch Pornos aufs Handy und sehen sie sich am helllichten Tag auf dem Pausenhof an. Nach dem Motto: Wer den krassesten Porno hat, ist der Coolste.

Doch was in Pornos passiert, ist nicht so, wie Sex in echt abläuft. Die Darsteller und Darstellerinnen spielen ihre sexuelle Lust nur. Das laute Stöhnen und die starke Erregung, die drastisch gezeigt werden, sind nur Theater. Stell dir vor, dass ein ganzes Filmteam dabei ist, wenn es zur Sache geht. Tatsache ist auch, dass solche Filme ihre Darsteller oft erniedrigen. Frauen werden in den Filmen häufig unterwürfig und naiv dargestellt, und Männer werden als dauererregte Wesen hochstilisiert, die nichts anderes im Sinn haben, als sich ununterbrochen auf das Heftigste zu befriedigen. Das kann nicht nur das Frauenbild in den Köpfen der Jungen negativ beeinflussen, sondern junge Mädchen könnten auf den Gedanken kommen, dass man Sex haben muss wie im Film.

Wenn Pornofilme konsumiert werden, entstehen Bilder im Kopf, die den Zauber der ersten eigenen sexuellen Erfahrung zerstören können. Pornos, besonders Hardcore-Pornos, haben nichts mit echten Gefühlen zu tun, sie sind menschenverachtend. Wenn Liebesgefühle und Sex zusammen erlebt werden, ist das eine wunderschöne Erfahrung. Das hat mit Pornografie nichts zu tun.

Also, wenn du, wie die meisten Mädchen, Pornos eher eklig, irgendwie unangenehm oder peinlich findest, dann sag es deinem Freund oder deiner Clique und schau sie dir nicht an. Schütz dich vor Bildern in deinem Kopf, die dir die Freude an deiner ganz persönlichen Sexualität und Erotik kaputt machen könnten.

## HARTER SEX ALS HANDY-HYPE

Untersuchungen haben gezeigt, dass schätzungsweise ab der 9. Klasse alle Schüler schon einmal Pornos auf dem Handy gesehen haben. Häufig handelt es sich um äußerst harte Pornos, mit Gewaltdarstellungen, Gruppensex (sogenannten Gangbangs) und anderen extremen sexuellen Spielarten. Besonders Jungen wollen damit ihr Umfeld beeindrucken.
Nicht selten überfordern sie sich selbst damit und

können eigentlich gar nichts damit anfangen. Es geht ihnen eher um den Kick und der kann süchtig machen. Süchtig nach der Anerkennung anderer oder nach einem immer größeren sexuellen Reiz.

Ähnliches gilt für harte Songs von Sex-Rappern. Die Texte und Videos dieser Songs sind pornografisch und haben ebenfalls erniedrigende, menschenverachtende Inhalte. Es geht wohl darum, zu schockieren, zu zeigen, wie megacool man ist. Wir meinen, es gibt Grenzen, die von solchen Typen weit überschritten werden. Deshalb sagen wir: null Toleranz gegenüber Pornos und Gangsta- beziehungsweise Sex-Raps. Zeig den Jungen und Mädchen, die so etwas geil finden, die Rote Karte!

## WICHTIG ZU WISSEN:
## PROSTITUTION ALS GELDQUELLE? NEIN!

Die finanzielle Notlage von Familien nutzen Leute oft aus, um junge Mädchen mit falschen Versprechungen zu ködern. Sie gaukeln ihnen vor, dass Prostitution leicht und schnell verdientes Geld sei. Nicht selten lassen sich Mädchen darauf ein und bereuen es später bitter, weil sie die Erlebnisse mit fremden Jungen und Männern nicht vergessen können oder viele von ihnen dadurch sogar gesundheitliche Schäden fürs ganze Leben erleiden. Auch in einer scheinbar aussichtslosen Situation gibt es bessere Möglichkeiten, sich zu helfen oder helfen zu lassen. Du kannst dich auch immer an eine Jugendberatungsstelle wenden.

# Kapitel 8

## TOP IN SCHULE & JOB

# TOP IN SCHULE & JOB

Im letzten Kapitel sagen wir dir, wie du Schulstress gut überstehen kannst, Prüfungsangst in den Griff bekommst, wie du in Job und Praktikum supergut ankommst und wie du es anderen und vor allem dir beweisen kannst: Ich habe es drauf!

## LERNEN MACHT HAPPY!

Auch wenn du es nicht glauben willst, Lernerfolge machen glücklich! Das haben Wissenschaftler herausgefunden. Egal ob Mathe, Englisch, Geschichte oder ein Computerkurs, wer lernt, sich fortbildet, empfindet mehr Lebensfreude durch mehr Erfolgserlebnisse. Erfolge aktivieren das Belohnungszentrum im Gehirn, das dann wiederum sogenannte Glückshormone ausschüttet, die dafür sorgen, dass du sehr gut drauf bist.

### JEDEN TAG EIN BISSCHEN KLÜGER

Leider hat Lernen noch immer einen negativen Beigeschmack, weil es mit Paukerei gleichgesetzt wird. Das ist mehr als schade, denn eines sollte längst klar sein: Leben ist Lernen. So, wie Kinder täglich etwas Neues lernen und sich dadurch entwickeln, machen wir alle immer neue Erfahrungen. Mit jeder werden wir ein Stückchen klüger. Wir lernen täglich, zum Beispiel durch regelmäßiges Anschauen der

Nachrichten oder durch das Lesen der Tageszeitung. Wer einen PC zu Hause hat, der hat die wunderbare Möglichkeit, sich seine Fragen durch Suchmaschinen beantworten zu lassen. Das kann genauso spannend sein wie das Lesen eines Buches. Gerade in diesem Moment, wo du das hier liest, lernst du vielleicht etwas Neues hinzu oder dir kommt ein neuer Gedanke.

## REINPAUKEN BRINGT'S NICHT

Was tun, wenn die Vokabeln oder Chemieformeln nicht in den Kopf wollen? Da gilt es, eine neue Strategie zu entwickeln. Denn wer schon genervt ans Lernen geht, der merkt sich so gut wie nichts. Auch das ist wissenschaftlich bewiesen. Warum das so ist? Weil man etwas Negatives mit dem Lernstoff verbindet. Wenn du schon denkst: »Diesen Quatsch brauch ich nie mehr im Leben!«, oder: »Chemie ist einfach nur doof!«, dann ist dein Gehirn nicht aufnahmebereit. Eine negative Stimmung kann sich auch schnell einschleichen, weil man zu spät mit dem Lernen begonnen hat und jetzt unter Druck steht. Egal, was der Grund für die schlechte Stimmung ist – um den Lernstoff bewältigen zu können, braucht man eine positive Einstellung. Wichtigster Punkt: Mach dir klar, was du davon hast, wenn du jetzt lernst. Du musst einen Sinn darin sehen, egal welchen. Sorge auch dafür, dass du ausgeschlafen bist und genügend gegessen hast, dass dein Handy und der Fernseher aus sind, damit du nicht abgelenkt wirst. Verschaff dir einen Überblick, was du alles lernen musst, und mach dir einen Lernplan. Fang mit den leichten Themen an und arbeite dich zu den schwierigen vor. Gut sind auch Notizzettel mit Matheformeln etc., die du in der Wohnung verteilst. So lernst du sozusagen im Vorbeigehen. Versuche, den Stoff wirklich zu verstehen. Sollte dir das nicht gelingen, so lass ihn dir erklären oder ziehe das Internet zurate. Sachen reinpauken, ohne zu wissen, um was es eigentlich geht und wozu es gut ist, bringt gar nichts. Dann schaffst du es vielleicht mit Ach und Krach, dir genügend Stoff für die Klausur zu merken, aber erlernt ist ein Stoff erst, wenn er im Langzeitgedächtnis deines Gehirns und in den verschiedenen Schubladen des Wissensgedächtnisses abgespeichert ist (siehe Kapitel 3). Nur so wird Gelerntes nicht wieder vergessen und erst dann hat sich das Lernen gelohnt. Du beherrschst es für lange Zeit, vielleicht sogar für immer.

 **Extra-Tipp:**
**Lernblockade**

Ist dein Kopf vom Lernen so voll, dass er fast zu platzen droht, dann brauchst du eine Pause. Wie wäre es mit einem kurzen Nickerchen, auch Powernapping genannt? So machen es übrigens auch viele Manager. Oft reichen schon zwanzig Minuten Schlaf, um einen wieder frisch zu machen. In dieser Zeit kann das Gehirn das bereits Gelernte abspeichern.
Super ist auch ein kurzer Spaziergang oder Entspannungs-Duschen. Massierst du dabei deine Kopfhaut, fördert das zusätzlich die Durchblutung und macht deinen Kopf wieder frei für neuen Lernstoff. Wenn du allerdings hinterher noch immer das Gefühl hast, dass gar nichts mehr geht, dann mach eine mehrstündige Pause oder verlege das Lernen auf den nächsten Tag.

### LAMPENFIEBER UND PRÜFUNGSANGST? DAS HILFT!

Schwitzen, feuchte Hände, roter Kopf – der klassische Fall von Lampenfieber. Meist legt sich die Aufregung, wenn man erst einmal angefangen hat. Wenn du ein Referat vor der Klasse halten sollst, kann dir folgender Trick helfen: Während du sprichst, schaust du abwechselnd von einer Freundin zur anderen. Dann hast du das Gefühl, es nur ihnen vorzutragen, das wirkt beruhigend. Du kannst sie auch vorher bitten, dich anzulächeln und dich mit Blicken zu motivieren. Wenn alles nichts nützt, stell dir einfach vor, alle wären nackt. Klingt komisch, aber es funktioniert. Selbst die größten Stars kämpfen immer wieder mit Lampenfieber. Sie nennen es »Stage Fright«, was so viel wie *Bühnenangst* heißt.
Wenn der Puls rast, die Handflächen nass werden und der Magen wie zugeschnürt ist, sind das die typischen Zeichen von Prüfungsangst. Wenn sie dir bekannt vorkommen, dann ist es umso wichtiger, dass du dich sorgfältig auf Prüfungen vorbereitest. Lass dich von deiner Freundin oder deinen Eltern so lange abfragen, bis du dich ganz sicher fühlst. Vielleicht fragst du auch mal Mitschüler, die so einen Test schon hinter sich haben, nach ihren Erfahrungen. Das einzige Rezept gegen Prüfungsangst ist, dass

man sich immer wieder sagen kann: »Ich habe getan, was ich tun konnte. Ich kann den Stoff!«, oder: »Ich weiß, dass ich's draufhab! Es gibt keinen Grund, panisch zu werden!«

### ❀ ❀ ❀ GEHIRNZELLEN BRAUCHEN SAUERSTOFF.

Atmest du vor lauter Prüfungsangst nur noch ganz flach, bekommt dein Gehirn zu wenig Sauerstoff, und in deinem Kopf entsteht planloses Chaos. Also atme ein paarmal tief durch und bitte den Lehrer, das Fenster zu öffnen.

Übrigens, ein bisschen Anspannung bei Tests hat auch sein Gutes. Werden in unserem Körper Stresshormone ausgeschüttet, kann das die Leistungsfähigkeit steigern. ❀ ❀ ❀

### HILFE, VOR KLASSENARBEITEN KANN ICH NACHTS NICHT SCHLAFEN!

»Vor Arbeiten und Tests habe ich immer ein mulmiges Gefühl und kann nicht schlafen. Gibt es etwas, das mir hilft, nicht so nervös zu sein?«

Am besten ist es natürlich, wenn du dich, wie oben beschrieben, gut auf Prüfungen vorbereitest. Hast du den Stoff intus, kannst du viel lockerer sein. Um deine Spannung abzubauen, hilft auch folgender Trick: Spiele in deiner Fantasie schon einmal die Prüfungssituation durch. Stell dir den Raum, die Sitzordnung und die anwesenden Personen vor. Damit machst du dich mit der Situation vertraut und bist nur noch halb so aufgeregt. Spürst du trotzdem, wie die Nervosität in dir hochsteigt? Hol dir die Power-Sätze ins Gedächtnis, die du hier gerade gelesen hast. Sag dir selbst: »Bleib ruhig! Du bist gut vorbereitet!«, und atme tief durch. Zusätzliche Beruhigung kann auch eine Tasse Baldriantee bringen, die du vor dem Schlafengehen trinkst.

### ❀ ❀ ❀ FIX FRISCH!

Wusstest du, dass Schnuppern an frischem Basilikum dir neue Flügel verleiht, wenn du nach der Schule schlapp bist? Schnell erfrischt bist du auch, wenn du dir mit einem Zerstäuber Mineralwasser ins Gesicht sprühst. ❀ ❀ ❀

## KLEINER BELIEBTHEITS-TEST GEFÄLLIG?

Willst du wissen, wie du ankommst und wie viele Freunde du in deiner
Klasse hast? Dann beantworte folgende Fragen:

| | JA | NEIN |
|---|---|---|
| ⇥ Bist du in der Pause öfter allein? | ☐ | ☐ |
| ⇥ Telefonierst du nach der Schule noch mit Klassenkameraden? | ☐ | ☐ |
| ⇥ Gehst du geschminkt in die Schule? | ☐ | ☐ |
| ⇥ Informiert man dich über den Klassentratsch? | ☐ | ☐ |
| ⇥ Werden dir deine Mitschüler helfen, falls du Probleme mit einem Lehrer hast? | ☐ | ☐ |
| ⇥ Könntest du dir vorstellen, Klassensprecherin zu werden? | ☐ | ☐ |
| ⇥ Übernimmst du gerne die Leitung, wenn es um eine Aktivität in eurer Klasse geht? | ☐ | ☐ |
| ⇥ Kommst du gut mit den Jungen in deiner Klasse aus? | ☐ | ☐ |

*Wie oft hast du Ja angekreuzt?*

*9-mal*

Du bist bei jeder Aktivität deiner Klasse dabei und übernimmst auch gerne
die Organisation dafür. Das macht dich sehr beliebt in der Klasse. Egal
ob Jungen oder Mädchen, deine Klassenkameraden schätzen dich als gute
Freundin.

*5- bis 8-mal*

Okay, nicht alle in deiner Klasse sind Fans von dir. Aber das siehst du
ganz entspannt. Es reicht dir, zu wissen, dass da ein paar sind, mit denen
du befreundet bist und auf die du dich wirklich verlassen kannst.

*0- bis 4-mal*

Du bist eher ruhig, vielleicht sogar schüchtern und überlässt lieber anderen
das Wort. Dir ist es wichtiger, eine vertraute Person in deiner Klasse zu
haben, als von allen Mitschülern gemocht zu werden.

### ? BAMMEL VOR DER NEUEN KLASSE!

»Nach den Ferien muss ich in eine neue Klasse, weil ich sitzen geblieben bin. Ich hab Angst, dass sich alle über mich lustig machen!«

In der Schule eine Ehrenrunde einzulegen, ist keine Schande. Aber klar, neu in eine eingeschworene Klassengemeinschaft zu kommen, kann einem schon ein bisschen Angst machen. Nur Mut, hab zum Einstand ein Lächeln auf den Lippen und sag deutlich: »Hallo, ich bin …!« Du kannst davon ausgehen, dass die anderen neugierig auf dich sind und wissen wollen, wer du bist.

Donner dich nicht zu sehr auf. Wenn du zu gestylt ankommst, schürst du schnell den Neid der anderen Mädchen.

Du weißt, in jeder Klasse gibt es ein *Alphatier*, also jemanden, der den Ton angibt. Mit ein wenig Beobachtung findest du schnell heraus, wer das ist. Sprich ihn oder sie an und stell ihm bzw. ihr Fragen nach Lehrern, nach Klassenaktivitäten und so weiter. Sag dabei auch, dass es für dich keine leichte Sache ist, *die Neue* zu sein. So viel Ehrlichkeit kann verblüffen. Damit hast du ihn oder sie auf deiner Seite. Wetten, die anderen folgen schnell nach?

## LASS DICH NICHT STRESSEN …

### … WENN MAN DICH FÜR EINE STREBERIN HÄLT!

Deine Mitschüler machen sich über dich lustig, wenn du dich meldest oder etwas weißt? Du wirst für deine guten Noten gehänselt? Du wirst oft als Schleimerin hingestellt? Natürlich ist Neid ein Grund. Doch nur, weil du in der Schule besser bist als die anderen, bist  du noch lange keine Streberin. Also hake nach: Frag eine befreundete Mitschülerin, wann und in welcher Situation du dich in ihren Augen strebermäßig verhalten hast. Vielleicht kannst du dann etwas an deinem Verhalten ändern. Biete dem einen oder anderen Schüler deine Hilfe beim Lernen an und lass ihn auch mal abschreiben. Du wirst sehen, das Lästern lässt nach. Wenn nicht, dann hole dir Rat, zum Beispiel beim Vertrauenslehrer deiner Schule.

Deine Klassenkameraden meiden dich. Du hörst Gerüchte wie: »Der kann man nichts erzählen!« Vielleicht ist dir bei eurem Lehrer oder einer anderen Person etwas herausgerutscht, oder du hast bei jemandem getratscht, der das nicht für sich behalten hat. Das Dumme ist, dass sich dein Verhalten mittlerweile herumgesprochen hat und du bei allen unten durch bist. Jetzt musst du das geraderücken und deine Mitschüler darauf ansprechen. Versuche, sie davon zu überzeugen, dass das ein einmaliger Ausrutscher und kein absichtlicher Verrat war. Entschuldige dich dafür und sag, dass dir das alles leidtut. Pass in Zukunft besser auf, was du sagst und wem du was sagst. Damit kannst du das Vertrauen deiner Klassenkameraden wieder zurückgewinnen. Bist du dir jedoch keiner Schuld bewusst, dann versuche, die Sache aufzuklären, indem du die Quelle des Gerüchts ausfindig machst und auf einer Richtigstellung bestehst.

# MOBBING

Jeder hat es schon erlebt oder beobachten können. Mehrere Mitschüler stehen um jemanden herum, mit der klaren Absicht, ihn *fertigzumachen*. Gründe für ein solches Verhalten gibt es viele. Oft geschieht das aus purer Langeweile oder einfach nur, um sich mal wieder stark zu fühlen und sich aufzuspielen. Der Begriff »Mobbing« kommt aus dem Englischen und bedeutet ursprünglich *anpöbeln* und *schikanieren*. Mobbing gibt's nicht nur auf dem Schulhof. Gemobbt wird überall, im Job, im Ausbildungsbetrieb, im Sportverein oder in der Clique – aber es gibt Möglichkeiten, sich zu wehren.

## JEDER KANN ZUM MOBBING-OPFER WERDEN

Wenn jemand ein Ventil für seinen Frust sucht oder seine Macht demonstrieren will, kommt ihm jeder gerade recht, der sich leicht einschüchtern lässt. Da reicht ein großer Busen, eine andere Hautfarbe oder ein paar Kilos zu viel. Alles kann Anlass dafür sein, jemand anderen zu schikanieren. Wenn du gemobbt wirst, hat das also viel mehr mit den Tätern als mit dir zu tun. Der Motor für ihr Verhalten ist oft Angst vor der eigenen Schwäche. Die meisten Mobber haben ein geringes Selbstwertgefühl. Sie wollen sich und anderen beweisen, wie mächtig sie sind. Nur damit keiner merkt, dass hinter der aufgeblasenen Fassade eigentlich ein *armes Würstchen* steckt.

Leute, die andere mobben, haben ein Gespür dafür, mit wem sie was machen können. Merken sie, dass ihr Opfer Angst bekommt und hilflos ist, drehen sie so richtig auf und hacken erst recht auf ihm herum. Indem sie jemanden fertigmachen, zeigen sie den anderen: Ich habe Macht über ihn!

## »WILLSTE STRESS?«

Dieser Satz ist oft der Auftakt für eine brenzlige Situation. Allerhöchste Vorsicht ist geboten, wenn du so angemacht wirst oder die massive Aggression einer Person spürst, die offensichtlich Zoff will. Meistens sind es Jungen, die sich durch einen Blick oder eine unbewusste Geste provoziert fühlen. Schnell ist ihre Gewaltbereitschaft geweckt. Eingeschworene Gruppen haben oft wenig Toleranz gegenüber Menschen, die *fremd* oder schwach wirken. Ihnen gegenüber demonstrieren sie gerne ihre Macht, beginnen sie anzupöbeln oder werden gewalttätig.

Wichtig ist, sich auf keine Provokation einzulassen und so ruhig wie möglich zu bleiben. Am besten *entschuldigt* man sich, obwohl es ja gar nichts zu entschuldigen gibt, mit Worten wie: »Sorry, war nicht so gemeint!«, und bringt sich schnell in Sicherheit. Sollte das nicht möglich sein, sucht man die Nähe von Erwachsenen. Stell oder setz dich neben sie und bitte sie um Hilfe. Behalte den Vorfall nicht für dich, sondern berichte deinen Freunden, Eltern oder Lehrern und so weiter davon. Nichts zu sagen vergrößert deine Angst und schützt die Täter.

## MOBBING IST KEIN KAVALIERSDELIKT.

Wer andere mobbt und dabei kriminelle Methoden wie Schläge, Drohungen oder Erpressung einsetzt, kann dafür hart bestraft werden. Übrigens, auch wer nur zusieht, macht sich strafbar. Meist geht die Aggression vom Anführer der Gruppe aus. Die anderen sind oft Mitläufer, die aus Angst vor dem Anführer mitmachen oder wegschauen.

Wenn du also bedroht und erpresst wirst oder dir Klamotten, Tasche oder Handy geklaut werden, schweig nicht. Melde die Täter oder zeige sie bei der Polizei an! Denn wer einmal stillgehalten hat, hat sich bereits als dankbares Opfer bewährt und wird immer wieder angegriffen.

## IMMER MEHR MÄDCHEN MOBBEN.

Traurige Wahrheit ist, dass bereits ein Fünftel der Jugendgewalt von Mädchen ausgeht. Fast immer richtet sich die Mädchengewalt gegen das eigene Geschlecht. Oft geht es dabei um völlig nichtige Dinge. Einen richtigen Anlass gibt es selten. Diese Mädchen verhalten sich wie Supermachos, sprechen und bewegen sich genauso wie ihre männlichen Vorbilder. *Chefin* ist, wer möglichst hart auftritt. Genau wie die Jungen wollen diese Mädchen ihren Frust loswerden und Überlegenheit bzw. Anerkennung in der Gruppe gewinnen. Besonders gefährdet für solch ein Verhalten sind Mädchen zwischen 14 und 19 Jahren. Ist es nicht schon schlimm genug, dass sich so viele Jungen nicht anders zu helfen wissen, als zuzuschlagen? Wir Mädchen sollten klüger sein!

## MOBBING – NICHT MIT DIR!

Raufen, Rempeln und Gehässigkeiten gehören häufig zum Schulalltag. Wenn es sich nicht, wie gerade beschrieben, um härtere Auseinandersetzungen handelt, kannst du dich durchaus dagegen wehren und Kontra geben. Wenn der Mobber spürt, dass du kein leichtes Opfer für ihn bist und dich selbstbewusst zu wehren weißt, wird er dich bald in Ruhe lassen. Traust du dir das nicht alleine zu, bitte deine Klassenkameraden bei einem vertraulichen Gespräch um ihre Unterstützung. Mach ihnen klar, dass es sie genauso treffen kann wie dich. Bildet eine Gemeinschaft gegen Machos, Mobber oder Lästermäuler. Gemeinsam seid ihr stark! Ihr könnt auch einen Lehrer bitten, im Unterricht den Vorfall anzusprechen. Mobbing-Täter werden meist vorsichtig, wenn sie merken, dass Lehrer über ihre Attacken Bescheid wissen. Keine Angst, wer Mobber bei Lehrern oder der Schulleitung meldet, ist keine *Petze*, sondern handelt verantwortungsbewusst, schützt sich und andere vor weiteren Übergriffen.

## MOBBING-ALARM

Kriegst du mit, dass jemand in deiner Schule gemobbt wird, ist dein Einsatz gefragt. Du kannst zum Beispiel einen Artikel für eure Schülerzeitung schreiben und über konkrete Vorfälle an eurer Schule berichten. Den meisten Tätern ist es unangenehm, wenn ihr Verhalten publik wird. Du kannst dich auch an eure Schülervertretung wenden. Ihr könntet gemeinsam Aktionen gegen Gewalt an eurer Schule planen oder eine Podiumsdiskussion veranstalten und bekannte Mobber an eurer Schule öffentlich zur Rede stellen.

## GUT ZU WISSEN:
## AUSBILDUNG ZUR STREITSCHLICHTERIN

Inzwischen gibt es viele Mädchen – und auch Jungen –, die sich zu Streitschlichtern ausbilden lassen und versuchen, so etwas gegen die Gewalttätigkeiten in ihrer Schule zu tun. Klar, das ist nicht jedermanns Ding. Wenn du aber glaubst, genügend Zivilcourage zu besitzen, dann ist es eine tolle Möglichkeit, deinen Mitschülern zu helfen, und gleichzeitig auch eine gute Gelegenheit, das eigene Selbstvertrauen zu pushen. Informationen und Adressen, wie und wo so eine Ausbildung möglich ist, findest du im Internet. Gib einfach das Stichwort *Streitschlichter* ein.

### WIE GEWALT ENTSTEHEN KANN

Wir haben im ersten und dritten Kapitel bereits darüber gesprochen, dass jeder Mensch Aggressionen hat. Daher ist prinzipiell jeder zur Gewalt fähig. Deshalb ist es enorm wichtig, dass Kinder und Jugendliche lernen, mit Aggressionen gewaltlos umzugehen. Gelingt das nicht, so kann aus aggressivem Verhalten Gewalt entstehen. Untersuchungen haben gezeigt, dass es so gut wie immer dieselben Gründe sind, warum das passiert. Oft herrscht im Elternhaus Gewalt, oder die Familie hat durch soziale Probleme keine positiven Zukunftsaussichten, zum Beispiel durch Arbeitslosigkeit oder wegen ihrer Herkunft, die von anderen nicht akzeptiert wird. Kinder aus solchen Familien fühlen sich oft unsicher, minderwertig und haben Schwierigkeiten, die Gefühle der Mitmenschen richtig einzuschätzen. Gerade Jungen fühlen sich daher oft durch andere bedroht, besonders durch direkten Blickkontakt, den sie nicht richtig einschätzen können. Eine typische Aussage hierfür wäre: »Der hat mich so komisch angeguckt, da musste ich zuschlagen!«, oder: »Guck nicht so blöd, sonst fängst du dir eine!« Diese Kinder oder Jugendlichen hatten niemanden, der ihnen gezeigt hat, dass man Konflikte auch ohne Gewalt lösen kann. Hinzu kommt, dass sie so gut wie keinen Frust aushalten können und von ihren Gefühlen oft überwältigt werden. Man kann sagen, dass gewalttätige Jugendliche und Erwachsene in den meisten Fällen selbst Gewalt erlebt haben und dass sie das weitergeben, was sie gelernt haben. Das gilt natürlich nicht für alle, aber eben für ganz viele.

Wie brutal sich Aggression entladen kann, haben wir in der Vergangenheit immer wieder am Beispiel von Amokläufern erlebt. Das Wort »Amok« kommt aus dem Malaiischen und bedeutet: aus blinder Wut angreifen und töten. Was ursprünglich eine Bezeichnung für kriegerische Auseinandersetzungen war, wird heute für Menschen benutzt, die mit einer Waffe scheinbar wahllos und wie im Rausch andere Menschen schwer verletzen oder töten.

Auch für Schüler, die in ihre Schulen eindringen, um dort Schulkameraden und Lehrer zu ermorden, benutzt man diese Bezeichnung. Nach so einer Tat ist die Betroffenheit groß. Alle fragen sich, wie so etwas passieren kann und was in einem Jugendlichen vorgeht, der so etwas tut. Aber auch, ob oder wie man so eine Tat hätte verhindern können.

Du konntest hier lesen, dass jeder Mensch zur Gewalt fähig ist. Und wie wichtig es darum ist, dass er lernt, mit seinen Konflikten, seiner Wut gewaltfrei umzugehen. Hat er es nicht gelernt, wird es ihm nicht gelingen, mit Belastungen wie Mobbing oder dem Gefühl, ein Loser zu sein, fertig zu werden. Besonders bei Jungen führt das zu schweren Verletzungen des Selbstwertgefühls. Wenn depressive Verstimmungen dazukommen, kann sich eine übermächtige

Wut auf die Umwelt entwickeln, die nicht mehr gesteuert werden kann. Die Täter ziehen sich immer mehr zurück, haben Gewaltfantasien, die sie mit entsprechenden Video- und Computerspielen und zum Teil auch gewaltverherrlichenden Hardcore-Pornos ausleben. Sie bauen sich eine eigene Welt auf, in der sie als rächender Held im Mittelpunkt stehen. Bleiben sie in so einer Phase des Rückzugs und der dauernden Beschäftigung mit ihren Fantasien allein, haben sie niemanden, der mit ihnen spricht, der versucht, sie zu verstehen, der ihnen Wege aus ihrer wirren, gekränkten, mit Hass erfüllten Welt aufzeigt, dann wird aus der Fantasie manchmal Wirklichkeit. Der *Rächer* hat seinen Auftritt, an dessen Ende die Zerstörung vieler Leben stehen kann, nicht zuletzt seines eigenen. Solche Taten geschehen nicht spontan, sie bahnen sich meistens an.

Natürlich gibt es kein allgemeingültiges Mittel, um solche Taten zu verhindern, aber wir können es versuchen. Selbstverständlich sind zuallererst die Eltern gefordert. Aber wie wir weiter oben bereits beschrieben haben, kann jeder etwas tun. Wenn in deiner Schule gehetzt und gemobbt wird, dann schau nicht weg. Kümmere dich um entsprechende Hilfe. Niemand kann wissen, wie ein Mobbing-Opfer die Schmach oder seine seelische Verletzung bewältigt. Ist dieses Opfer von zu Hause aus schon mit einem geringen Selbstwertgefühl ausgestattet, hat es das Gefühl vermittelt bekommen, nicht gut genug zu sein, hacken dann die Schulkameraden auch noch auf ihm herum, lehnen ihn ab oder verprügeln ihn, kann aus dem Opfer ein Täter werden.

Wir müssen nicht alle Menschen mögen. Aber sie zu verletzen, auf welche Art und Weise auch immer, nur weil sie nicht so sind, wie wir sie gerne hätten, das ist nicht okay. Hier sind Respekt und Toleranz gefordert. Das gilt für uns alle.

### ❄ ❄ ❄ WENN JEMAND GEWALT GEGEN SICH SELBST RICHTET

Bereits bis zu 10 % aller Jugendlichen leiden oder litten zwischen 12 und 17 Jahren unter Depressionen. Das haben aktuelle Studien ergeben. Darunter sind doppelt so viele Mädchen wie Jungen. Warum das so ist, wurde noch nicht genau erforscht. Hormonelle Schwankungen während der Pubertät und die »Umbauarbeiten« im Gehirn, von denen wir schon sprachen, haben unter anderem damit zu tun.

In diesen Fällen ist professionelle Hilfe gefragt, damit so eine depressive

Phase überwunden werden kann und nicht zu einem traurigen Ende führt, wie zum Beispiel dem Selbstmord.

Wenn ein junger Mensch sich selbst tötet, dann hat dies in der Regel eine lange Vorgeschichte. Auch hier kann Spott oder Mobbing zur endgültigen Tat führen, die vielleicht noch zu verhindern gewesen wäre. Solltest du also merken, dass sich jemand zurückzieht, immer weniger redet, kaum noch lacht und sich nicht mehr mit seinen Freunden trifft, dann frag nach. Kümmer dich um ihn. Sprich mit einem Lehrer, seinen Eltern oder Ge--schwistern darüber, und fordere deine Freunde auf, dir dabei zu helfen.

❀ ❀ ❀

## WENN DICH EIN LEHRER MOBBT, BESCHWER DICH!

Lässt dein Lehrer keine Gelegenheit aus, dich vor der ganzen Klasse bloßzustellen? Macht er Witze über dich, nimmt dich nur dann dran, wenn du dich nicht meldest, und macht dir klar, dass du bei ihm nie über eine Fünf hinauskommst? Dann ist das Mobbing. Sprich mit deinen Eltern darüber. Sie können deinem Lehrer klarmachen, dass sie sein Verhalten nicht akzeptieren. Hat das keinen  Erfolg, können sie sich an die Schulleitung wenden und sich über den Lehrer beschweren. Gibt's keine Klärung, können deine Eltern darauf bestehen, dass du in eine andere Klasse kommst. Du kannst dich auch an den Vertrauenslehrer deiner Schule wenden. Er steht unter Schweigepflicht. Du kannst also offen mit ihm reden. Wenn du einverstanden bist, kann er mit dem Lehrer sprechen und auch die Schulleitung informieren.

## MOBBING KANN KRANK MACHEN.

Wer über Wochen oder Monate gemobbt wird, lebt in ständiger Angst vor weiteren Pöbeleien. Dieser Dauerstress macht krank. Seelisch und körperlich. Viele Mobbing-Opfer haben Schlafstörungen und bekommen Albträume. Sie leiden an Magen- und Darmstörungen, Herz- und Kreis-laufproblemen und Rücken- und Nackenschmerzen. Sie werden kraftlos, sind deprimiert und können sich auf nichts mehr konzentrieren. Manche fangen plötzlich an zu stottern, die Leistungsfähigkeit nimmt rapide ab.

Und wenn es ganz schlimm wird, gehen sie nicht mehr zur Schule oder zu ihrer Arbeitsstelle und isolieren sich. Die Demütigungen und Angriffe können zu psychischen Verletzungen führen, an denen Mobbing-Opfer oft ein Leben lang leiden.

# JOB IN SICHT?

Ein Schulpraktikum steht dir bevor? Oder dein Schulabschluss? Vielleicht hast du sogar schon einen Ausbildungsvertrag in der Tasche und dein erster Arbeitstag naht. Du bist aufgeregt? Musst du nicht! Unsere Tipps helfen dir, einen kühlen Kopf zu bewahren und einen erfolgreichen Start hinzulegen!

## COOLE TRICKS FÜRS PRAKTIKUM

Bevor du dich auf die Suche begibst, solltest du dir schon mal überlegt haben, welche Berufssparte dir liegen könnte. Je klarer deine Vorstellung ist, umso gezielter kannst du etwas unternehmen.

Statt dich schriftlich zu bewerben, ruf einfach in einem deiner Lieblings-betriebe an. Das kostet zwar ein bisschen Überwindung, ist aber zeitlich von Vorteil. Du erfährst gleich, ob sie Praktikumsplätze anbieten und ob noch welche frei sind. Wenn nicht, kannst du es postwendend woanders probieren.

Lass dich bei deinem Telefonat mit der Personalabteilung verbinden. Nenn deinen Namen und sag, dass dir das Unternehmen sehr gut gefällt und dass du darum hier gern ein Praktikum machen würdest. Kennst du jemanden, der dort arbeitet, umso besser. Dann beruf dich auf diese Person. Sag, dass sie dir empfohlen hat, dich bei ihrer Firma zu bewerben. Trag dein Anliegen ruhig und freundlich vor. Am besten legst du dir einen Spickzettel mit Notizen zu deiner Person, deiner Schule, deinen Interessen und so weiter neben das Telefon. Oder lern einfach ein paar Sätze unseres Bewerbungsschreibens auswendig.

Lass ruhig auch einfließen, dass du über gute Computerkenntnisse verfügst, das macht sich gut.

## WIE SOLL ICH MICH FÜR DAS SCHULPRAKTIKUM BEWERBEN?
»Ich möchte eine Bewerbung für mein bevorstehendes Schulpraktikum rausschicken. Was sollte da drinstehen?«

 ## UNSER VORSCHLAG, WIE DU DICH SCHRIFTLICH BEWERBEN KANNST:

Sehr geehrte Damen und Herren,
*oder* Sehr geehrte/r Frau/Herr …, *(wenn du einen Namen weißt)*
hiermit bewerbe ich mich bei Ihnen für ein dreiwöchiges Schülerpraktikum. Ich besuche zurzeit die … Klasse an … *(Schulform und Namen nennen).*
Im … *(Monat)* machen die Schüler der … Klasse bei uns ein betriebliches Praktikum.
Ihre Firma kenne ich durch … *(kurz erklären, woher du das Unternehmen kennst).* Ich interessiere ich mich sehr für alles, was mit … zu tun hat. Deswegen wäre es für mich unglaublich spannend, einem Ihrer Mitarbeiter einmal über die Schulter gucken zu dürfen. Und vielleicht kann ich ja auch die eine oder andere Aufgabe schon selber bewältigen.
Ich arbeite sehr konzentriert und genau und habe eine schnelle Auffassungsgabe. Mein Umgang mit anderen Menschen ist höflich und freundlich. An Fertigkeiten bringe ich mit: … *(zum Beispiel:* Ich beherrsche Computerprogramme wie …, spreche gut Englisch).
Über eine Einladung zu einem persönlichen Gespräch würde ich mich sehr freuen.

Mit freundlichen Grüßen

## BEWERBUNGSGESPRÄCH? EIN GUTER EINDRUCK IST DAS A UND O!

Manche Mädchen denken: »Ich geh da einfach rein und zeige mich von meiner Schoko-ladenseite, was ist da schon dabei?« Andere wiederum bibbern und trauen sich vor lauter Aufregung kaum aus dem Haus. Beiden sei gesagt, man sollte die Spielregeln derjenigen kennen, die über die Einstellung entscheiden. Dann ist man auf der sicheren Seite.

**SEI PÜNKTLICH!** Damit du rechtzeitig vor Ort sein kannst, schau dir vorab im Stadtplan an, wo du hinmusst. Erkundige dich über mögliche Verbindungen mit Bus und Bahn und die Abfahrt-zeiten. Lass dir genügend Zeit, um auch wirklich entspannt anzukommen. Hetze ist schlecht, denn das bringt unnötig zusätzlichen Stress.

**SEI HÖFLICH!** Bevor es mit dem Bewerbungsgespräch losgeht, bedanke dich zuerst, dass du die Chance bekommen hast, dich vorzustellen. Du wirst sehen, die Personaler oder der Chef nehmen sich gleich mehr Zeit für dich und werden dir das Vorstellungsgespräch leichter machen. Tipp: Ein Lächeln zwischendurch schadet nie.

**WISSEN BEEINDRUCKT!** Informiere dich vorher im Internet über das Unternehmen, bei dem du dich bewirbst. So kannst du firmenbezogene Fragen stellen bzw. Antworten geben und zeigst Interesse für den Job.

**REDE DEUTLICH UND SUCHE DEN BLICKKONTAKT IM GESPRÄCH!** Sprichst du Dialekt, dann versuche, ihn ein bisschen zu zügeln. Hochdeutsch und freies Sprechen kannst du trainieren, indem du dir zu Hause selbst Vorträge hältst. Am besten vor dem Spiegel. Das wirkt am Anfang zwar komisch, hilft aber ungemein. Wichtig: Schau beim Bewerbungsgespräch nicht auf den Boden, sondern sieh dein Gegenüber freundlich an.

**DREH BEIM STYLING NICHT ZU SEHR AUF!** Dein Make-up sollte natürlich und deine Haare frisch gewaschen sein. Zieh etwas an, worin du dich wohlfühlst und etwas seriös wirkst (siehe dazu auch Kapitel fünf). Ein knapper Minirock und ein tiefer Ausschnitt haben beim Bewerbungsgespräch nichts zu suchen. Kiloweise Goldkettchen fallen ebenso unangenehm auf. Denk dran, dass in jeder Branche eine andere Kleiderordnung herrscht. Das bedeutet, dass du bei der Bewerbung in einer Bank eher zum Kostüm greifen solltest, während du bei kreativen Berufen auch trendy angezogen erscheinen kannst. Am besten überlegst du dir, wie die Menschen in dem Job normalerweise gekleidet sind, und passt dich stylingtechnisch dem Bild an.

**FEUCHTE HÄNDE VOR AUFREGUNG?** Geh vor dem Gespräch auf die Toilette und wasch dir die Hände. Mit einer leeren Blase kannst du dich außerdem besser konzentrieren und ein fester, trockener Händedruck wirkt wahre Wunder.

 **EXTRA-TIPP:**
## Auf die Finger geschaut!
Spröde Haut und kratzige Nägel hinterlassen schon beim ersten Händeschütteln einen schlechten Eindruck. Gepflegte Hände sind hingegen eine gute Visitenkarte. Trage einen farblosen oder roséfarbenen Lack auf. Reinige rasch noch deine Nägel, bevor du aus dem Haus gehst, und fahre die Nagelspitzen mit einem Nagelweißstift nach.

## ONLINE-BEWERBUNGEN
Immer mehr Firmen bevorzugen Online-Bewerbungen und bieten dafür auf ihrer Homepage standardisierte Formulare an. Glaube ja nicht, dass das einfach nur eine E-Mail ist, sondern behandle sie mit der gleichen Sorgfalt wie eine normale Bewerbung:
➡ In die Betreffzeile gehört »Bewerbung um …«.
➡ Finde durch ein Telefonat bei der Firma den Namen des Ansprechpartners heraus.

- Nimm in deinem Anschreiben individuell Bezug, warum du zu diesem Unternehmen, zu dieser Lehrstelle oder dem Praktikum passt.
- Wichtig: Das Anschreiben und der Lebenslauf werden nicht in die E-Mail geschrieben, sondern kommen als PDF (DIN A4) in den Anhang. Sie sollten nicht größer als insgesamt 3 MB sein.
- Dein Foto kommt auf den Lebenslauf.
- Vergiss nicht, die Anhänge zu benennen.
- Bevor du die E-Mail wegschickst, lies sie nochmals auf Rechtschreibfehler durch.
- Spaß-E-Mail-Adressen wie *mäuschen96* kommen nicht gut an. Besser ist folgende E-Mail-Adresse: Vorname.Nachname@…
- Bedenke: Personaler schauen sich immer häufiger *Jugendportale* an, um sich ein Bild von ihren Bewerbern zu machen. Mit unüberlegten Foreneinträgen, sexy Fotos und anderen Peinlichkeiten kannst du dir ganz schnell deine Chance ruinieren.

## BILDSCHÖN BEWERBEN!

Wenn du mit deinem Bewerbungsfoto punkten willst, spare nicht am falschen Platz und lass die Aufnahmen von einem Profi machen. Grundsätzlich gilt: Für Bewerbungsfotos ist eine seitliche Haltung absolut tabu. Sie lässt dich aussehen, als hättest du etwas zu verbergen. Da aber Frontalbilder oft zu statisch wirken, ist der Mittelweg der beste. Ein fröhlicher Blick, leicht über die Schulter, wirkt sympathisch.

## SCHON GEWUSST?
### FRAUEN VERHANDELN SCHÖNER! ABER …

Frauen beherrschen das Wechselspiel zwischen Mimik und Gestik besser als Männer, was aber leider für den Erfolg in der Geschäftswelt nicht ausreicht. Männer sind da im Vorteil und haben noch immer eindeutig die Nase vorn. Was sollte man sich als Frau also von den Männern abgucken? Ihr zielorientiertes Verhandeln mit konkreten Fragen nach Aufstiegsmöglichkeiten und vor allem nach dem Gehalt. Weil das den Frauen aber meist eher peinlich ist, bekommen sie auch heute noch im Schnitt für die gleiche Arbeit 23 % weniger Lohn als Männer.

Fazit: Karrierechancen werden einem nicht serviert. Sie müssen ausgehandelt und manchmal auch erkämpft werden. Am besten geht das mit Köpfchen, einem gesunden Selbstvertrauen und dem ernsthaften Willen, etwas erreichen zu wollen. Dass Powergirls dabei dennoch fair bleiben, versteht sich von selbst!

## DEIN ERSTER ARBEITSTAG!

Auch hier gibt es ein paar wichtige Regeln, die zu beachten sind.

**STELL DICH SELBST VOR** und nenne deinen neuen Kollegen deutlich deinen Vor- und Nachnamen. Sag auch, als was du anfängst.

**MACH EINEN ENTSCHLOSSENEN EINDRUCK** und spiele nicht das *kleine Mädchen*. Wenn du die Lehrstelle oder das Praktikum bekommen hast, dann sicherlich deshalb, weil du die dafür erforderliche Kompetenz besitzt. Du hast dir also den Platz verdient, den man dir zugeteilt hat.

**STYLE DICH LIEBER EIN BISSCHEN DEZENT**, ohne dich in unauffälliges Mausgrau zu hüllen. Du kannst dein Top ruhig mit einer originellen Brosche oder Kette aufpeppen. Damit wirst du die Aufmerksamkeit deiner Kollegen auf dich ziehen. Früher oder später werden sie dich fragen, wo du dieses Schmuckstück aufgetrieben hast. Das ist ein prima Anlass für ein nettes Gespräch. Rede nicht wie ein Wasserfall, sondern versuche, ruhig auf die Fragen einzugehen, die man dir stellt. Lass auch die anderen von sich erzählen, so erhältst du interessante Infos über die Kollegen.

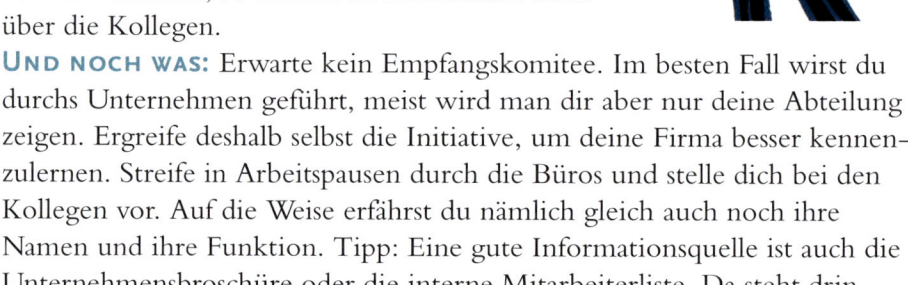

**UND NOCH WAS:** Erwarte kein Empfangskomitee. Im besten Fall wirst du durchs Unternehmen geführt, meist wird man dir aber nur deine Abteilung zeigen. Ergreife deshalb selbst die Initiative, um deine Firma besser kennenzulernen. Streife in Arbeitspausen durch die Büros und stelle dich bei den Kollegen vor. Auf die Weise erfährst du nämlich gleich auch noch ihre Namen und ihre Funktion. Tipp: Eine gute Informationsquelle ist auch die Unternehmensbroschüre oder die interne Mitarbeiterliste. Da steht drin, wer jemand ist und was er macht. Dadurch kannst du dir so manches Fettnäpfchen ersparen und verschaffst dir Firmen-Know-how.

## Sei schlau, mach dich schlau!

Mal ehrlich, du willst doch weiterkommen und dich nicht einfach damit begnügen, deinen Job zu machen, oder? Dann verkrieche dich nicht in deine Arbeitsecke. Nutz die Möglichkeiten einer Lehrstelle oder eines Praktikums, um Neues zu lernen. Frage deine Kollegen nach ihrer Arbeit, ihrem Werdegang, ihren Kunden etc. Aber dosiere deine Neugier gut, um nicht für eine indiskrete Quasselstrippe gehalten zu werden. Wer neugierig ist und dazulernen will, der erweitert seinen Horizont. Mit den neuen Erfahrungen und deinem größeren Wissen wächst dein Selbstvertrauen und du hast auch mehr Erfolg.

### Goldene Regeln fürs Berufsleben

Wünsche morgens allen Mitarbeitern, die du triffst, einen **guten Tag**.

**Sag immer Bitte und Danke**, wenn dich jemand um einen Gefallen oder einen Dienst bittet.

**Respektiere jeden Kollegen so,** wie du selbst respektiert werden möchtest.

**Biete Kollegen deine Hilfe an,** wenn sie zum Beispiel unter einem Arbeitsberg versinken oder in einer Angelegenheit Schwierigkeiten haben, in der du dich gut auskennst. Verschanze dich nicht hinter deiner eigenen Arbeit. Hilfsbereitschaft wird in der Regel belohnt.

**Frag ruhig mal um Rat,** zum Beispiel so: »Du bist doch ein Englisch-Ass. Weißt du, wie sich dieser englische Begriff ins Deutsche übersetzen lässt?« Wetten, es wird deinem Kollegen eine Ehre sein, dir bei der Suche nach der richtigen Formulierung zu helfen? Er wird vielleicht sogar Lust bekommen, euer Gespräch noch etwas auszubauen. Das kann der Beginn einer netten Kollegenfreundschaft sein.

**Entwickle Teamgeist.** Alles im Alleingang machen oder alle Aufgaben an sich reißen zu wollen, kommt negativ. Was zählt, ist der Erfolg des gemeinsamen Projektes, des Teams und nicht der einzelnen Person.

**SCHÜCHTERNHEIT ABLEGEN!**

Du bist von Natur aus eine eher zurückhaltende Person? Dir fällt es schwer, Kontakte zu knüpfen? Dann empfehlen wir die berühmten *kleinen Schritte*, die große Wunder bewirken können.

Beginne damit, Blickkontakt aufzubauen, wenn du den anderen einen guten Tag wünschst.

Zaubere dir ein kleines Lächeln auf deine Lippen, wenn du Kollegen auf dem Gang triffst.

Wenn dir jemand eine Frage stellt, dann nimm dir ruhig die Zeit, die du für eine Antwort benötigst. Frage nach, wenn du etwas nicht genau verstanden hast, das ist eher ein Zeichen von Interesse als von Dummheit.

Lerne aus dem Kontakt mit anderen, indem du sie beobachtest. Achte auf all das, wovon du meinst, dass sie es besser können als du. Nach einiger Zeit wirst du dir eine Menge abgeschaut haben, was deine Schüchternheit und Unsicherheit verscheucht. Das wäre dann ein wichtiger Schritt für deine persönliche Weiterentwicklung.

## GIBT ES JOBS FÜR 14-JÄHRIGE?

»Ich gehe noch zur Schule. Aber ich möchte mit einem Nebenjob mein Taschengeld aufbessern. Welche Jobs kann ich machen?«

Einen richtigen Job kannst du noch nicht annehmen. Dafür musst du mindestens 15 Jahre alt sein. Aber Tätigkeiten wie Babysitten, Hunde ausführen oder Besorgungen für ältere Menschen darfst du machen. Diese Minijobs gelten nicht als Arbeit.

## STRESS MIT KOLLEGEN

Hörst du aus den Kommentaren deiner Kollegen ihre Missbilligung über dich heraus? Das ist zwar unangenehm, aber ganz sicher gibt es eine Mög-lichkeit, dies zu ändern. Stecke nicht missmutig den Kopf in den Sand und denke: »Ist sowieso alles egal, ich kann da ohnehin nichts ändern«, sondern versuche lieber, herauszufinden, warum das so ist oder ob du dich vielleicht geirrt hast. Sprich deine Kollegen darauf an. Am besten in Frageform: »Sag mal, täusche ich mich oder gibt es wirklich schlechte Stimmung meinetwegen?«, oder: »Hilf mir bitte, ich habe das Gefühl, ihr habt was gegen mich, und das würde ich gerne ändern, wenn es stimmt.« Vergiss nicht, eine Firma ist ein bisschen wie eine Schule: Es gibt gute und schlechte Schüler, hinterlistige Opportunisten, Angeber, Lehrers Lieblinge und Außenseiter. Mach dir auch bewusst, dass man von den Kollegen nicht von einem Tag auf den anderen akzeptiert wird. Wir leben in einer Gesellschaft, in der allem Unbekannten zunächst misstraut wird. Wir sind in dieser Beziehung wie die Tiere: Wir beschnuppern Neuankömmlinge ausgiebig und testen sie erst einmal, bevor wir sie akzeptieren. Also, hab etwas Geduld! Gib deinen Kollegen die Möglichkeit, dich besser kennenzulernen, dann kannst du ihnen zeigen, was du draufhast und dass du eine nette und hilfsbereite Kollegin bist.

### ACHTUNG, MIESEPETER!

Du wirst sie bald kennenlernen, die Kollegen, die alles schlechtmachen, an allem rummeckern oder die immer nur jammern. Geh diesen Nörglern aus dem Weg und umgib dich lieber mit Optimisten. Prima Nebeneffekt: Ihre positive Lebenseinstellung wirkt ansteckend.

## VOM CHEF GEMOBBT?

Eigentlich hast du dich total auf diesen Job gefreut. Jetzt hältst du es dort einfach nicht mehr aus. Dein Vorgesetzter hat immer was an dir rumzumeckern. Egal, was du tust, du kannst es ihm nie recht machen. Für alles gibt er dir die Schuld

Bevor du den Job jedoch schmeißt, mach Folgendes: Hol dir Unterstützung von deinen Eltern oder einem anderen Erwachsenen, dem du vertraust. So weiß dein Chef, dass es Leute gibt, die ein Auge auf seinen Umgang mit dir haben, und er wird sich vorsichtiger verhalten. Oder wende dich an den Betriebsrat. Bei Problemen im Betrieb ist er der richtige Ansprechpartner.

Er kann zwischen dir und deinem Chef vermitteln und setzt sich für deine Rechte ein. Sollte deine Firma keinen Betriebsrat haben, dann kannst du dich auch an deine zuständige Gewerkschaft oder an die *Nummer gegen Kummer* (siehe Seite 147) wenden. Gibt es einen Kollegen, dem du vertraust? Sprich ihn an. Vielleicht hat er ähnliche Probleme mit diesem Vorgesetzten. Dann könnt ihr euch zusammentun. Gemeinsam erreicht ihr mehr und der Chef kann euch nicht gegeneinander ausspielen. Auch hier gilt wie beim Mobbing in der Schule: Wehre dich und hole dir Hilfe.

## JOB ODER TRAUMBERUF?

Je näher der Schulabschluss rückt, umso dringlicher wird diese Frage. Viele Mädchen wissen nicht, welchen Beruf sie wählen sollen, und fühlen sich unter Entscheidungsdruck. Warum ist es so schwer, zu wissen, was man werden soll? Dazu müssen wir noch einmal zurück zu Kapitel 1 und 3. Erinnerst du dich, hier haben wir beschrieben, wie es Kindern geht, wenn ihre Bedürfnisse und Wünsche nicht ernst genommen werden. Sie haben es nicht gelernt, sich eine eigene Meinung zu bilden. Mit dem Berufswunsch ist das ähnlich. Haben wir früh erfahren, dass unsere Wünsche weder berücksichtigt noch ernst genommen werden, gewöhnen wir uns das Wünschen ab, um nicht noch mehr enttäuscht zu werden. Irgendwann haben wir keine Wünsche mehr und auch nicht den Mut zu träumen. Dann ist es unglaublich schwer, Visionen zu entwickeln. Tief in einem drin sagt eine Stimme: »Lass die Träumerei, das klappt sowieso nicht.«

Viele Schüler überlassen darum ihre Berufsentscheidung den Eltern oder ergreifen einfach den Job, der ihnen von der Berufsberatung empfohlen wird. Schlimmstenfalls nehmen sie den nächstbesten Ausbildungsplatz an. Auch strategische Erwägungen spielen mitunter eine Rolle. Wenn es in den Nachrichten heißt, wir haben Lehrer-, Techniker- oder sonst irgendeinen Mangel, dann entscheiden sich viele Schüler oder Studenten für einen dieser aktuellen Mangelberufe, in der Hoffnung, später einen Arbeitsplatz zu bekommen. Doch bis sie ihre Ausbildung abgeschlossen haben, kann sich der Arbeitsmarkt wieder verändert haben, und wo einst ein Mangel war, gibt es plötzlich eine Schwemme. Ihre Rechnung ist also nicht aufgegangen.

Deshalb unser Rat: Wähle einen Beruf, der dich wirklich interessiert und von dem du denkst, dass er dir Spaß macht, trotz des immer schwieriger werdenden Arbeitsmarktes. Wenn du dir nicht sicher bist, dann versuche, in verschiedenen Berufen ein Praktikum zu bekommen. Jede Erfahrung, die du machst, bringt dich deinem Traumberuf ein Stück näher.

Hab auch den Mut, das Fach zu wechseln oder eine Lehre abzubrechen. Manchmal ist auch das der richtige Weg. Gib nicht auf, bevor du etwas gefunden hast, was dir wirklich entspricht und wo du dich mit Feuereifer einsetzen kannst. Nur dann, wenn du mit ganzem Herzen bei der Sache bist, kannst du genügend Power entwickeln, um erfolgreich in deinem Job zu sein.

Sollte diese Suche ein oder gar zwei Jahre dauern, macht das nichts. Wir leben in einer Zeit, in der die Menschen wesentlich länger arbeiten werden. Also keine Panik. Es ist nicht wichtig, dass du dich schnell entscheidest, viel wichtiger ist es, dass du dich richtig entscheidest. Richtig für dich, deine Gefühle, deinen Verstand und deine Visionen. Dann wird dich dein Berufsleben erfüllen, in einem ungeliebten Job wird es zur Last.

## VON BERUF STAR!

Wir können es gut verstehen, wenn du davon träumst, als Star berühmt zu werden. Von außen betrachtet ist es wie ein modernes Märchen, und der Traum von der Prinzessin, die ein glamouröses Leben führt, scheint damit wahr zu werden. Doch halt! Ist es wirklich so erstrebenswert, das Leben eines *Stars* zu führen? Man unterliegt einem ständigen Druck,  der Konkurrenzkampf ist riesig und nur ganz wenige schaffen es wirklich bis nach oben. Das Gleiche gilt für den Model-Job.

Glamour, Ruhm, Geld für ein bisschen Herumposen. So stellen sich viele das Leben eines Supermodels vor. Aber die Realität sieht anders aus. Neben gutem Aussehen und den richtigen Körpermaßen gehört viel mehr dazu. Disziplin, Zuverlässigkeit und Zähigkeit, das sind nur drei von vielen Eigenschaften, die du noch mitbringen musst, damit du als Model erfolgreich sein kannst. Ständig knurrt dir der Magen, denn mit aller Gewalt

175

müssen die angeblichen Idealmaße gehalten werden. Du marschierst von Casting zu Casting und musst immer wieder erleben, wie dir eine andere der zahlreichen Beautys den Auftrag wegschnappt. Die Familie ist meist weit weg und die Freunde auch – ein recht einsames Leben. Außerdem ist die Zeitspanne, in der Karriere gemacht werden kann, sehr kurz. Bereits mit Ende zwanzig gehört man als Model zum alten Eisen. Wenn du es trotzdem probieren willst, alle Voraussetzungen und richtigen Modelmaße (Größe über 175 cm, Kleidergröße 36, Schuhgröße bis 41) mitbringst, wenn du bereit bist, auf viel Schönes wie Freunde, Familie, Haustiere und den Sonntagsbraten zu verzichten, dann bewirb dich bei einer seriösen Model-Agentur. Eine gute Agentur erkennst du daran, dass sie Mitglied der *Velma* ist, des Verbands lizenzierter Model-Agenturen, und keine Vorauskosten für Model-Sedkarten verlangt.

## ERFOLGSTAGEBUCH ALS DURCHHALTE-TRICK

Du konntest viel über Wut und Mut, über Streit und Konflikte, über Beliebtheit und Verliebtheit und über die Kraft der Gedanken lesen, die es dir möglich machen, deinen Selbstwert und dein Selbstvertrauen zu stärken. Wir hoffen, wir haben dich ein wenig anstupsen können und du hast Lust bekommen, ein echtes Powergirl zu werden. Damit das auch wirklich klappt, ist es wichtig, sich jeden Tag aufs Neue zu motivieren. Am besten legst du dir ein Tagebuch zu, in das du täglich deine Siege einträgst, die kleinen wie die großen. Wenn deine Laune mal im Keller ist und du glaubst, rein gar nichts läuft gut, dann greif zu deinem Erfolgstagebuch. Hier steht schwarz auf weiß, was du alles schon geschafft hast. Wir garantieren dir, das gibt dir so viel positive Energie, dass du auch die nächste Hürde nimmst.

### BELOHNUNGEN. DAS SAHNEHÄUBCHEN FÜR DEIN ICH

Wenn du es ganz besonders gut mit dir meinen willst, dann belohne dich für die Dinge, die du geschafft hast, obwohl sie dir sehr schwergefallen sind. Du hast dich endlich mal getraut, dich in Mathe zu melden, und deine

Antwort war auch noch richtig! Super, das muss belohnt werden. Wie
wäre es mit einem Eis oder einer anderen Leckerei für den Nachmittag?
Puh, du hast es geschafft, deinen Schwarm in der Pause anzusprechen.
Zur Belohnung gibt's ein Entspannungsbad mit Rosenaroma.
Du warst mutig und hast heute nach dem Sport das erste Mal mit den
anderen Mädchen geduscht, obwohl du Scheu hast, deinen Körper zu
zeigen. Das war ein großer Schritt. Bravo! Dafür gibt es ein neues T-Shirt
oder die aktuelle CD deiner Lieblingsband.
Du hast dem Typ, der dich schon öfter schräg angemacht hat, öffentlich
die Meinung gesagt. Coole Aktion! Dafür klopfst du dir selbst auf die
Schulter und schreibst einen extra Eintrag in dein Erfolgstagebuch:
XY die Meinung gegeigt, ich bin megastolz auf
mich!

Indem du dich für deinen Mut belohnst, bekommt
er noch mehr Bedeutung. Das gibt dir genügend
Kraft und Selbstbewusstsein, dich an immer neue
Dinge heranzuwagen.
Sich selbst zu mögen, ein starkes Selbstvertrauen
und Selbstbewusstsein aufzubauen, ist das A und O
für Powergirls!

# Kapitel 9

## Zu guter Letzt

# Zu guter Letzt

## Miss Clever!

Sprachlos? Du nicht! Denn in puncto Schlagfertigkeit macht dir zukünftig so schnell
keiner mehr etwas vor. Von nun an kannst
du locker, witzig und redegewandt sein, denn
mit diesen hundert coolen Sprüchen, Mit-
teilungen und kleinen Weisheiten hast du für
viele Lebenslagen die passende Antwort parat.

### 20 coole Kontras auf dumme Sprüche der Jungen

- Deine Sprüche sind so überflüssig wie ein Sandkasten in der Sahara.
- Gibt es dich auch in schlau?
- Die Benutzung des Gehirns ist bei Weitem nicht so schmerzhaft, wie du vermutest.
- Bist du ein Zwilling? Denn einer allein kann doch nicht so blöde sein.
- Sag mal, hast du keinen Friseur, dem du das alles erzählen kannst?
- Du möchtest immer das letzte Wort haben? Okay, dann führ doch einfach mehr Selbstgespräche.
- Kannst du diesen Mist auch rückwärts aufsagen?
- Wow, das ist aber höchst originell, was du da sagst. Hätte ich dir gar nicht zugetraut.

- Ich hatte schon spannendere Gespräche, zum Beispiel mit meiner Waschmaschine.
- Wenn ich du wäre, dann wäre ich gerne ich.
- Gibt es dich auch in witzig?
- Hast du Pattex unterm Schuh? Oder warum stehst du hier noch so blöd rum?
- Rede ruhig so lange weiter, bis dir was einfällt.
- Ist heute ein ganz besonderer Tag? Oder bist du immer so bescheuert?
- Haben deine Eltern dich nie angefleht, von zu Hause auszureißen?
- Wenn du eine Fliege verschluckst, dann hast du mehr Hirn im Bauch als im Kopf.
- Schaff erst mal die zweite Klasse, bevor du mit mir redest.
- Als der liebe Gott die Intelligenz verteilt hat, warst du wahrscheinlich gerade auf dem Klo, oder?
- Du bist echt einzigartig blöd – jedenfalls hofft das die ganze Menschheit!
- Du hast Helium im Kopf, damit du aufrecht gehen kannst, oder?

## 10 COOLE »NO, THANKS!« AUF UNERWÜNSCHTE JUNGEN-ANMACHE

**ER:** Darf ich dich auf einen Drink einladen?
**DU:** Danke, ich möchte lieber das Geld.

**ER:** Gehst du am Samstag mit mir aus?
**DU:** Tut mir leid, aber am Wochenende habe ich Kopfschmerzen.

**ER:** Was würdest du sagen, wenn ich dich zu meiner Party einladen würde?
**DU:** Gar nichts. Denn ich kann nicht gleichzeitig reden und lachen.

**ER:** Ich bin Fotograf und suche nach einem Gesicht wie deinem.
**DU:** Ich bin plastische Chirurgin und suche nach einem Gesicht wie deinem.

**Er:** Ist dieser Platz frei?
**Du:** Ja, meiner auch gleich, wenn du dich hinsetzt.

**Er:** Hab ich dich nicht schon mal irgendwo gesehen?
**Du:** Ja, deshalb gehe ich dort auch nicht mehr hin.

**Er:** Du bist meine Traumfrau.
**Du:** Dann träum ruhig weiter.

**Er:** Wo warst du mein ganzes Leben lang?
**Du:** Wo ich auch für den Rest deines Lebens bleiben werde, in deinen Träumen.

**Er:** Ich könnte dich sehr glücklich machen.
**Du:** Wieso? Gehst du schon?

**Er:** Wollen wir uns mal einen Film ansehen?
**Du:** Nein, danke, den kenn ich schon.

## DIE TOP TEN DER FLIRTSPRÜCHE FÜR DIE SCHULE

- Ich habe gehört, du bist ein Englisch-Genie. Gib mir doch Nachhilfe!
- Ich brauch mal einen männlichen Rat: Warum fällt euch Mathe so leicht?
- Coole Chucks! Darf ich fragen, wo du sie herhast?
- Dich wollte ich schon immer mal treffen.
- Verrätst du mir, wie du heißt?
- Du hattest letztes Jahr doch den XY in Chemie. Was hat er in den Tests so gefragt?
- Hast du ein Handy? Würdest du es mir kurz leihen? Meins liegt zu Hause und ich muss dringend meine Mutter anrufen.
- Ich mach gerade eine Umfrage für die Schülerzeitung. Würdest du mir verraten, wer dein Lieblingslehrer ist?

➡ Ich hab hier irgendwo meine Uhr verloren. Hast du sie vielleicht gesehen?

➡ Hey, du siehst hungrig aus. Willst du was von meinem Pausenbrot abhaben?

## 10 SÜSSE SMS FÜR DEINEN SCHWARM

➡ Wollen wir uns in der Pause treffen? Dann hätte ich zumindest ein tolles Erlebnis in der Schule.

➡ Weil Küssen etwas Schönes ist und du zum Verlieben bist, schick ich dir zu früher Stund 1000 Küsse auf den Mund.

➡ Gute Nacht, mein kleiner Stern – habe dich unendlich gern!

➡ Wünsch dir eine gute Nacht, hab ganz viel an dich gedacht.

➡ Öffne deine Augen und genieße die Zeit. Ein wunderbarer Morgen steht bereit. Jemand, der dich sehr, sehr mag, wünscht dir einen tollen Tag.

➡ Deine Augen signalisieren mir, du willst heute ein Date mit mir!?!

➡ Ich weiß: 1 Tag hat 24 Stunden, 1 Stunde hat 60 Minuten und 1 Minute hat 60 Sekunden. Was ich nicht wusste: 1 Sekunde ohne dich ist die Ewigkeit.

➡ Damit du ganz prima einschlafen kannst, schicke ich dir 1 Glas Milch mit Honig und ganz viele Kuschelschäfchen.

➡ Ein kleiner süßer Schmusetiger, der schaut heut Abend ganz lieb zu dir rüber. Er gibt gut auf dich acht und wünscht dir eine gute Nacht!

➡ For good times, for bad times I'll be on your side forever more.

## 10 Schmunzel-Mails für die Clique & Co.

→ Der Vorteil der Klugheit ist: Man kann sich dumm stellen. Das Gegenteil ist schwieriger.
→ Will der Mensch die Eier eckig, geht's den Hühnern aber dreckig.
→ Ein Cowboy geht zum Friseur. Als er rauskommt, ist sein Pony weg.
→ Treffen sich zwei Jäger. Beide tot.
→ Jeder ist für etwas gut, und sei es nur als abschreckendes Beispiel.
→ Was sagte der Hase zum Schneemann? Möhre her oder ich föhn dich!
→ Latein ist die späte Rache der Römer an den Germanen.
→ Jeder macht, was er will, keiner macht, was er soll, aber jeder macht mit.
→ Meine Meinung steht fest! Deshalb verwirr mich nicht mit Tatsachen!
→ Wir wissen zwar nicht, wo es langgeht, aber wir werden uns trotzdem beeilen.

## 10 Spass-Mitteilungen für Schulfreunde

→ Solltest du dich klein, nutzlos, beleidigt und depressiv fühlen, denke immer dran: Du warst mal das schnellste und erfolgreichste Spermium deiner Gruppe!
→ Wer zuletzt lacht, hat es nicht eher begriffen!
→ Alle reden immer von der Schule. Aber keiner tut was dagegen.
→ Mathe ist wie eine schmutzige Brille. Keiner blickt durch.
→ Lehrerweisheit: Vier von drei Schülern können nicht rechnen.
→ Wier habbn gerate Doitschschtunde. Suba langweihlig, kahn ja schohn ales.
→ Es gibt Tage, da lohnt es sich kaum, aufzustehen. Nämlich Montag bis Freitag.
→ Willst du wissen, wer die drei Eisheiligen sind? Langnese, Schöller und Dr. Oetker!
→ Jungen sind wie Milch. Lässt man sie länger stehen, werden sie sauer.

- Weißt du, welche Pilze man essen kann? Eigentlich alle, aber manche nur ein einziges Mal!

## 10 TATSACHEN ÜBER PAUKER & PENNE

- Lehrer helfen uns, Probleme zu lösen, die wir ohne sie nicht hätten.
- Was haben Lehrer und Wolken gemeinsam? Verziehen sie sich, dann wird's ein schöner Tag.
- Alles schläft und einer spricht, das Ganze nennt man Unterricht.
- Der dümmste Lehrer kennt mehr Fragen als der klügste Schüler Antworten.
- Können Lehrer schwimmen? Einerseits ja, sie sind ja hohl. Andererseits nein, denn sie sind ja nicht ganz dicht.
- Lieber Schule als gar kein Schlaf.
- Lehrer sind wie Babys, sie glauben, durch Schreien könnten sie alles erreichen.
- Lehrer weg – freier Blick auf die Tafel!
- Man soll den Tag nicht vor dem Elternabend loben.
- Es gibt zwei gute Gründe, Lehrer zu werden: Juli und August.

## 5 SCHÖNE STATEMENTS ÜBER FREUNDSCHAFT

- Beste Freundinnen sind wie Sterne am Himmel. Du weißt, dass sie immer da sind, auch wenn du sie gerade nicht siehst.
- Es gibt immer wieder Regentage im Leben. Ruf an, wenn du einen Schirm benötigst.
- Man sagt, die größten Schätze sind vergraben. Aber ich kann dich doch nicht einfach so einbuddeln!
- Freundschaft ist eine Tür zwischen zwei Menschen. Sie kann manchmal knarren, klemmt hin und wieder, ist aber nie ganz verschlossen.

185

ZU GUTER LETZT

> Beste Freunde sind wie Engel. Sie helfen dir wieder auf die Beine, wenn du vergessen hast, wie man fliegt.

## 15 WITZIGE UND KLUGE LEBENSWEISHEITEN

> Denke nicht so oft an das, was dir fehlt, sondern an das, was du hast.

> Wer einen Freund ohne Fehler sucht, der bleibt ohne Freund.

> Der beste Weg, andere für uns zu interessieren, ist der, an ihnen interessiert zu sein.

> Wer immer nur das tut, was er bereits kann, wird auch nur das bleiben, was er gerade ist.

> Wer einen Traum verwirklichen will, muss erst aufwachen.

> Nicht alles, was zwei Backen hat, ist ein Gesicht.

> Auch aus Steinen, die in den Weg gelegt werden, kann man etwas Schönes bauen.

> Wer fragt, kann ein Narr sein – für fünf Minuten. Wer nicht fragt, kann ein Narr sein – sein Leben lang.

> Ich bin garantiert nicht auf der Welt, um so zu sein, wie es anderen in den Kram passt.

> Kräht der Bauer auf dem Mist, hat der Hahn sich wohl verpisst!

> Man sollte das Unmögliche versuchen, um das Mögliche zu erreichen.

> Ein Schweißfuß kommt selten allein!

> Wer morgens zerknittert aussieht, der hat den ganzen Tag Entfaltungs-möglichkeiten.

> Menschen mit einer neuen Idee gelten so lange als Spinner, bis sich die Sache durchgesetzt hat.

> Gib jedem Tag die Chance, der schönste deines Lebens zu werden.

# Wie ticken Jungen?
# Alles über Außerirdische

Jungen sind anders als Mädchen – oder? Warum sind sie meist so unromantisch, woran merken Mädchen, dass ein Junge in sie verliebt ist, und worüber unterhalten sich Jungen eigentlich untereinander? Der Ratgeber beschäftigt sich mit allen Fragen und Vorurteilen, mit dem Kennenlernen, mit Freundschaft und mit Sex – ernsthaft, ausführlich, aber immer mit einem Augenzwinkern. Ein absolutes Muss für Mädchen!

*Trude Ausfelder*
**Typisch Jungen!** –
**Alles, was Mädchen über Jungen wissen wollen**

Einband von Kerstin Schürmann, formlabor, Innenillustrationen von Yayo Kawamura, Fotos von Claus Troendle
Ab 12 Jahren · 176 Seiten
ISBN 978-3-7817-0106-9

# Alles über die
# aufregendsten Jahre im Leben

Die Zeit des Erwachsenwerdens ist voller neuer Erfahrungen und oft nicht einfach! Probleme mit den Eltern, Liebe und Sexualität beschäftigen die Jugendlichen und nicht nur der eigene Körper, sondern das ganze Leben verändert
sich von Grund auf. Die erfolgreichen Ratgeber beantworten klar und über-
sichtlich alle Fragen, die Mädchen und Jungen in diesen aufregenden
Jahren haben. Mit einem ausführlichen Adressenverzeichnis.

*Trude Ausfelder*
**Alles, was Mädchen wissen wollen**
**Infos und Tipps für die aufregendsten**
**Jahre im Leben**

Einband von Kerstin Schürmann, formlabor
Ab 12 Jahren · 256 Seiten
ISBN 978-3-7817-0100-7

*Trude Ausfelder*
**Alles, was Jungen wissen wollen**
**Infos und Tipps für die aufregendsten**
**Jahre im Leben**

Einband von Kerstin Schürmann, formlabor
Ab 12 Jahren · 256 Seiten
ISBN 978-3-7817-0101-4

Alle mittendrin-Titel und vieles mehr
unter: www.klopp-buecher.de

# Schön sind immer nur die anderen? Von wegen!

Jedes Mädchen ist einzigartig und unverwechselbar! In sieben Kapiteln erfahren Mädchen alles über Hautpflege, das passende Party-Make-up oder bekommen Tipps für einen Wellness-Tag mit der besten Freundin. Sie finden Informationen zur gesunden Ernährung, zur Körper- und Gesichtspflege, zum Schminken, darüber, wie wichtig Bewegung ist und was Ausstrahlung für einen Menschen bedeutet.

*Karin Probst*
**Einfach schön –**
**Alles über Make-up, Pflege, Wellness und eine tolle Ausstrahlung**

Einband von Kerstin Schürmann, formlabor, Innenillustrationen von Yayo Kawamura, Fotos von Claus Troendle
Ab 12 Jahren · 176 Seiten
ISBN 978-3-7817-1622-3